Markus Tomberg (Hg.)

Ein Stern führt uns zur Krippe hin

Inhalt

Ein Wort vorab

Weihnachten: Das Wort wird Fleisch. Als der vierte Evangelist versuchte, das Weihnachtsgeheimnis zu beschreiben (Johannes 1,14), war – nach allem, was wir wissen – die »klassische« Weihnachtsgeschichte nach Lukas (siehe Lukas 2) schon Literatur.

Ob Johannes diese Version gekannt hat? Ob er seine eher abstrakte Annäherung an die Menschwerdung des Gottessohnes als Gegenentwurf, als Korrektiv zur Erzählung vom Stall in Betlehem entworfen hat? Ob er den umlaufenden, immer niedlicher, immer detailreicher werdenden Kindheitsgeschichten eine Art Richtschnur mitgeben wollte? Was auch immer ihn bewogen hat: Johannes bietet einen nüchternen, einen **anderen Blick** auf das Geschehen der Heiligen Nacht. Einen, der so gar nicht feierlich klingt (obwohl der Johannesprolog, also die Einleitung in das Johannesevangelium, durchaus feierlich gemeint ist – aber ein anderes Feiern meint als jenes, das vielen von uns beim Wort »Weihnachten« in den Sinn kommt). Einen, der nicht von Traditionen und Traditiönchen, von Hirtenidyll und Konsumrausch verstellt ist. Einen Blick, wie wir ihn manchmal brauchen: langsam und genau, aus einer ganz anderen Perspektive [vgl. Text 13].

Vielleicht hilft Ihnen dieses Buch, eine andere Perspektive zu Weihnachten zu gewinnen. Sie finden hier nämlich weniger die ganz gewöhnlichen Weihnachtsgeschichten – die zwar auch –, sondern verschiedene scheinbar »unweihnachtliche« Texte. Auch die Anordnung der Geschichten verlässt das Schema des Üblichen. Sie orientiert sich an der Erzählung von den Sterndeutern, die aufbrachen, nicht, **um** das Kind im Stall zu finden, deren Irrweg sie aber **trotzdem** nach Betlehem führte

(Matthäus 2). Hinter Auswahl und Anordnung steht die Überzeugung, dass das Wunder von Weihnachten zu groß ist, als dass der immer gleiche Neuaufguss des schon immer Erzählten ihm gerecht werden könnte. Und dass das Neue ganz unmittelbar zu Weihnachten gehört, weil Gott selbst Mensch wird, damit wir neue Menschen werden können. Damit wir nicht nur eine neue Perspektive, sondern einen ganz neuen Standort für uns selbst finden: **zur Krippe hin** geführt werden [vgl. die Texte 1, 7, 14, 19, 25 und 29].

Jedes der sechs »Kapitel« beginnt mit einer **Einleitung,** die Ihnen eine – vielleicht neue, vielleicht längst bekannte – Perspektive auf Weihnachten vermitteln möchte (und die Sie gern als Predigt-, Unterrichts-, Brief- oder Was-auch-immer-Anregung weiterdenken dürfen). Vielleicht sind Ihnen dabei auch die (kopierfähigen) **Illustrationen** eine Hilfe, die auch die Geschichte vom Weg nach Betlehem erzählen. Beides soll dazu beitragen, Ihnen die Einordnung und Erschließung der teilweise sehr untypischen Weihnachtsgeschichten zu erleichtern. Zusätzlich gibt es zu jedem Text einen kurzen **Impuls,** der Ihnen Hin-weise zu Einsatz und Deutung geben soll, den Sie – je nach Zielgruppe – auch als Einleitung zu der jeweiligen Geschichte vorlesen können. Hier und da eingestreut finden Sie zudem Tipps zu **kreativen Weiterführungsmöglichkeiten** – Weihnachten, das Fest, an dem wir feiern, dass Gott uns zeigt, wie Menschen sein können, lädt ja gerade dazu ein, die eigenen Möglichkeiten kreativ zu erproben. Und schließlich ergänzt der ein oder andere **(Vor-) Lesetipp** das Textangebot dieses Buches um weitere im weiten Sinne weihnachtliche Geschichten. Um Ihrem Kreuz-und-quer-Blättern entgegenzukommen, finden Sie im Anhang zudem ein **Register,** das dem schnelleren Auffinden von Texten zu bestimmten Themen dient. Zudem erleichtert Ihnen ein System von **Querverweisen** die Stichwortsuche (und das Nachgehen von eigenen weiteren Assoziationen).

Weihnachten ist das Fest des Wortes, das ins Fleisch kommt: dieses Geheimnis sollen wir nicht zerreden, verworten, aber angemessen ins Wort setzen. Geschichten, gerade, wenn sie länger sind und zu sorgfältigem Hören einladen, sind dazu oft hilfreich. Lassen Sie sich dazu aber auch selbst von den Geschichten rund um die Weihnacht noch etwas sagen: gerade ungewöhnliche Texte können Ihnen und anderen helfen, einen neuen Zugang zum »Fest der Feste« zu finden.

TIPP: *Die Zeichnungen, die jedes »Kapitel« einleiten, sind kopierfähig. Sie dürfen Sie gern einsetzen – sowohl, um die Texte* [besonders die Texte(1, 7, 14, 19, 25 und 29] *als auch eigene Ideen zu unterstützen – etwa, indem Sie die Zeichnungen passend kolorieren lassen, sie mit Bildunterschriften oder Sprechblasen versehen, sie mit aktuellen Pressefotos kontrastieren ... Ihren Ideen sind keine Grenzen gesetzt.*

1. NEUES ENTDECKEN

Schon wieder Advent, schon wieder Weihnachten!

Mit der Zeit stellen sich Gedanken wie diese unweigerlich ein. Advent und Weihnachten werden zur Feierroutine. Die alljährliche Hektik, immer dieselben Weihnachtsfeiern, Lieder, Geschichten ... Und schon wieder – und wie oft in letzter, wenn nicht allerletzter Minute – muss noch etwas vorbereitet werden.

Die vorweihnachtliche Erwartungshaltung ist Neuem spinnefeind. Es gibt so etwas wie einen vorweihnachtlichen **Zwang zur Idylle,** *dem kaum noch jemand gewachsen ist, der aber – wohl weil er eine tiefe Sehnsucht in uns allen, einen Traum von Frieden und Harmonie, zum Ausdruck bringt – immer wieder unsere weihnachtlichen Feierversuche in eine ganz bestimmte Richtung drängt. Die aus der Tradition überlieferten Bilder der Weihnachtszeit tun ihr Übriges: die Friedensvision des Jesaja, die Hirtenidylle vor Betlehem, die Engelchöre. Wer wollte da etwas ändern? Hieße das nicht, uns alle um eine letzte Sehnsucht zu betrügen, die sich wohl auch noch in der kommerzialisierten Weihnachtsmarktzeit unserer Tage ausspricht: dass Licht werde, wo Dunkelheit herrscht?*

Andererseits birgt unser Feiern die Gefahr, das Fest und seine Geschichte, die Geschichte des Außenseiterpaares vor den Toren der Stadt, unter heimeliger Patina zu ersticken,das Neue, das in Betlehem (oder wo auch immer) seinen Anfang genommen hat, erstarren zu lassen und aus Angst vor Veränderung die Dynamik von Weihnachten, die Dynamik des neuen Anfangs der Geschichte Gottes unter uns Menschen zu konservieren.

Als gebe es nichts Neues mehr zu entdecken! Als wüssten wir alle schon, was es heißt, dass Gott Mensch wird, und wie man das feiert! Nein, wenn Weihnachten mehr ist als Kitsch und Kommerz – und Christen werden daran festhalten! –, dann brauchen wir alle einen neuen Blick auf das Geheimnis der heiligen Nacht: Alle Jahre wieder.

1. Markus Tomberg: Sterngucker

Die Sterndeutergeschichte des Matthäusevangeliums hat schon immer die Phantasie der Menschen beschäftigt. Es ist eine Geschichte vom Suchen und Finden – aber wer weiß schon, ob die Sterndeuter wirklich das Kind in der Krippe gesucht haben? In dieser Geschichte brechen sie auf, weil sie ihren Stern verloren haben – und machen sich damit ganz schön lächerlich.

Vorlesedauer: ca. 4 Minuten
Hinweis auf die Bibel: Matthäus 2,1–12
Altersgruppe: ab dem Kindergarten

Sterngucker

In einem fernen Land regierte ein guter König.
Er wollte, dass es allen Menschen in seinem Land gut geht.
Er wollte ein besonders guter König sein.
Er wollte die besten Ratgeber haben.
Aber wen er auch fragte, welchen Rat er auch einholte: der König machte vieles richtig und gut, und er machte vieles falsch. Er war eben ein Mensch wie alle Menschen. Und die machen vieles richtig und vieles falsch.

Schließlich hatte der König eine Idee.
Sie kam ihm, als er eines Nachts die Sterne anschaute.
Sie glitzerten prächtig.
Mit der Zeit glaubte der König,
die Sterne malten Bilder an den Himmel.
Ob sie ihm etwas sagen wollten?

Der König war sich nicht sicher. Aber er wollte es wenigstens versuchen. Vielleicht wussten die Sterne ja Rat. Sie waren schon so alt und vielleicht auch so weise, viel älter und weiser als der weiseste Mensch.

Der König setzte Sterngucker ein. Sie sollten für ihn die Sterne beobachten. Er selbst musste nachts ja schlafen, damit er am nächsten Tag nicht müde und schlecht gelaunt war. Ein schlecht gelaunter König kann kein guter König sein.

Nacht für Nacht beobachteten die Sterngucker den Himmel.
Sie hatten ihren Platz auf dem Dach des Königspalastes.
Sie taten das sehr sorgfältig.
Sie arbeiteten ja für ihren König.
Sie schrieben alles auf, was ihnen auffiel.

Sie zeichneten sogar eine Sternenkarte.
Das ist ein großer Bogen Papier, auf dem jeder Stern
ganz genau eingetragen ist.

Jeden Morgen gaben sie dem königlichen Minister
einen genauen Bericht.
Sie sagten: Es ist nichts Außergewöhnliches vorgefallen.
Jeden Morgen sagten sie das.

Bald interessierte sich niemand mehr für die Sterngucker.
Auch der König nicht. Die Sterne hatten also keine Botschaft für ihn.
Aber er vergaß, die Sterngucker wieder zu entlassen.
Nacht für Nacht beobachteten sie weiter den Himmel.

Nie geschah etwas.
Bis einmal ein paar Sterngucker glaubten,
einen neuen Stern gesehen zu haben.
Ein kleiner Stern war es wohl.
Die anderen hatten ihn nämlich nicht gesehen.
Zumindest behaupteten sie das.
Es kam zum Streit unter den Sternguckern.
Ihr spinnt, sagten die einen.
Wir haben ihn aber gesehen, sagten die anderen.
Das kann nicht sein, sagten die einen.
Ihr habt nur nicht richtig hingesehen, sagten die anderen.
Es war noch niemals ein neuer Stern am Himmel, sagten die einen.
Aber heute, sagten die anderen.

Und der Streit ging bis zum Morgengrauen.
Über den Streit hatten die Sterngucker gar nicht mehr zum Himmel
geblickt. So konnten sie nicht nachsehen, wer Recht hatte.
Wie oft streiten Menschen über ganz unwichtige Sachen.

In der nächsten Nacht war kein neuer Stern am Himmel.
Wir hatten Recht, sagten die einen.
Er war aber da, sagten die anderen.
Und schon wieder stritten sie. Die ganze Nacht.

Am nächsten Tag beschlossen die Sterngucker, die glaubten, dass da ein neuer Stern gewesen sei, den Stern zu suchen.
Vielleicht ist er heruntergefallen, sagten sie zueinander.
Vielleicht braucht er Hilfe.
Wir sind für ihn verantwortlich.

Geht nur, sagten die anderen.
Wir bleiben lieber hier.
Hier geht es uns gut.
Der König hat uns vergessen.
Aber wir leben recht gut in seinem Dienst.
Geht nur.
Und sie lachten.

2. Hartmut Rupp: Süße Weihnachtsgeschichten

Ein kleiner Text, der einigen wohl bekannten Gebäckstücken eine weniger bekannte weihnachtliche Bedeutung abringt. Aber tatsächlich ist Weihnachten ein ganz menschliches Fest, weil Gott Mensch wird: Ein Fest, an dem wir mit allen Sinnen spüren dürfen, wie gut Gott es mit uns meint.

Vorlesedauer: ca. 3 Minuten
Altersgruppe: ab der weiterführenden Schule

TIPP: Wenn Sie den Text nicht vorlesen möchten, können Sie vielleicht die Informationen, die er in sich birgt, anderweitig verwenden. Beispielsweise indem Sie bei einem Treffen zum Advents- oder Weihnachtskaffee mit kleinen Kärtchen auf die Bedeutung des Gebäcks hinweisen?

Süße Weihnachtsgeschichten

Also, schlank bin ich ja nicht gerade. Und die Weihnachtszeit macht es einem auch nicht gerade leicht, abzunehmen. Wenn ich nur an das Weihnachtsgebäck denke: Spekulatius, Zimtstern, Lebkuchen oder Christstollen! Aber wir sollten vor dem Genuss dieser Köstlichkeiten einen Augenblick innehalten und bedenken, was sie uns von Weihnachten erzählen.

Spekulatius, das Wort kommt aus dem Lateinischen und heißt soviel wie »Aufseher« oder Bischof. Das Spekulatius-Gebäck erinnert an den Bischof Nikolaus, der einst in Myra, dem heutigen türkischen Smyrna, wohnte, es gut mit den Kindern meinte und sich besonders der Armen angenommen hat.

Zimtsterne sind ziemlich teuer. Sie werden mit Gewürzen gebacken, die ursprünglich aus dem Osten, also aus dem Morgenland kommen. So wie die drei Könige. Auf der Vorderseite ist der hell leuchtende Stern zu sehen, der den drei Königen Caspar, Melchior und Balthasar den Weg zum Kind im Stall zeigte. Zimtsterne erzählen uns von den Heiligen Drei Königen. Sie zeigen uns den Weg zum Kind.

Lebkuchen schmecken mir besonders gut. Als es noch keine Tabletten gab, pflegte man in den Klöstern kleine Kuchenstücke mit wohlschmeckenden Kräutern und Säften zu backen. Man nannte sie Lebkuchen, d.h. soviel wie Arznei oder Heilkuchen. Lebkuchenstücke sagen: Weihnachten, das ist Arznei für Körper und Seele. Wer davon isst, wird heil.

Und dann der Christstollen. Sie sind so etwas wie eine Nachbildung des Kindes in der Krippe: *Ihr werdet finden das Kind in Windeln gewickelt …* Der Christstollen ist also das in Windeln gewickelte Jesuskind, freilich etwas fester verschnürt, als heute Babys gewickelt werden, fürchtete man doch früher, die neugeborenen Kinder könnten sich durch ihre Bewegungen selbst verletzen.

Vielleicht schmeckt ihnen das Weihnachtsgebäck jetzt noch besser! Weil es gut ist für den Gaumen und – für die Seele.

3. Jutta Richter: Die Geschichte vom gelben Hund

Nicht zufällig stehen am Heiligen Abend Adam und Eva im Heiligenkalender: Schöpfung und Erlösung, Menschwerdung des Menschen und Menschwerdung Gottes hängen eng zusammen. Die Geschichte von Jutta Richter beleuchtet das Thema »Warum hat Gott die Welt erschaffen« aus einer interessanten Perspektive: G. Ott, der Erfinder, und sein Freund Lobkowitz erfinden Abbilder, weil sie einsam sind und Freunde brauchen.
Ein alter Gedanke. Schon die mittelalterliche Theologie ahnte, dass wir Menschen die Fleisch gewordene Einladung Gottes zur Freundschaft mit ihm sind. Dass wir frei sind, Gott lieben zu dürfen.
In dieser Geschichte wird diese schwierige theologische Frage ganz einfach und ganz anschaulich durchbuchstabiert. Kinder merken schnell, worum es geht – und woran es in der Geschichte hakt. Wer ist dieser eigenartige Lobkowitz, der G. Ott gewissermaßen dazu verführt, Abbilder zu erfinden? Der Teufel? Ein anderer Gott? Ein Mensch? Die Geschichte (und auch das ganze Buch) beantwortet diese Fragen nicht. Aber sie stiftet dazu an, über Gottes Freundschaftsangebot an uns alle neu nachzudenken.
Übrigens lohnt es sich, einmal die ganze Geschichte in der Bibel nach- und dann auch noch mal vorzulesen!

Vorlesedauer: ca. 14 Minuten
Hinweis auf die Bibel: Genesis 1,1–2,4a (1,26–30); 2,4b–3,24 (2,7–25); Psalm 146 und 147
Altersgruppe: ab der Grundschule

Na gut«, sagt der Hund. »Sitzt ihr bequem?« Dann räuspert er sich und denkt an Lobkowitz und erzählt: Die Wochen vergingen im Garten von G. Ott. Ein Tag schöner als der andere. Himmel: blau. Sonne: warm. Regen: nachts. Ein Blühen, Wachsen und Reifen.

G. Ott war noch schweigsamer geworden seit jenem Abend. Er schwieg und schien immerfort nachzudenken.

Nächtelang saß er über sein Buch gebeugt und zeichnete. Wenn ich ihn ansprach, schien er aus weiter Ferne zurückzukommen. Schaute mich an und sah mich gar nicht.

Die weiße Katze lag fast immer auf dem Fensterbrett und schlief und schien ebenfalls nicht sehr gesprächig zu sein. Kam ich in ihre Nähe, blinzelte sie misstrauisch, sagte jedoch nichts. Sie schien sehr alt zu sein und musste seit Ewigkeiten dort im Garten wohnen. Ich machte mir große Sorgen um G. Ott, deshalb fasste ich mir eines Nachmittags ein Herz und fragte die Katze.

»Was hat er denn?«, hab ich gefragt. »Was ist denn los mit ihm?«

Sie setzte sich auf und antwortete in einer mir unbekannten Sprache. Das war Kätzisch. Als sie merkte, dass ich sie nicht verstand, versuchte sie, etwas auf Hündisch zu sagen:

»Trraurrig«, sagte sie. »Errfinderr trraurrig!«

Es war zunächst schwierig, sich mit ihr zu unterhalten, denn sie konnte nur wenige Worte Hündisch. Aber nach einiger Zeit verstand ich die Wörter immer besser und fing sogar an, selbst Kätzisch zu sprechen. Denn sie war klug und erfahren und eine sehr gute Lehrerin.

G. Ott schwieg sich aus. Und ich sprach mit der Katze. Selbstverständlich hatte sie Lobkowitz gekannt, und sie erzählte, was damals geschehen war.

»Du musst wissen, mein Junge, die Katzen sind glückliche Tiere. Wir haben neun Leben. So können wir Ewigkeiten überstehen und Dinge erfahren, die niemand erfährt.«

Ihre Worte waren wirklich sehr fremd für meine Hundeohren. Sie sprach oft in Rätseln, aber ich lernte, sie zu verstehen.

»Wir liegen gern da, wo es warm ist«, sagte die Katze. »In der Nähe der Öfen, auf Stühlen und Kissen und Fensterbänken, dort eben, wo alles geschieht. Und unsere Ohren können das Gras wachsen hören, und unsere Augen sehen sogar bei Nacht. Das ist ein Vorteil, mein Junge«, sagte die Katze. »Ich hörte alles und sehe alles und kenne alle Geschichten. Es war kein besonderer Abend, an dem es geschah«, sagte die Katze. »Freund Lobkowitz hatte gerade die erste Flasche Barolo geöffnet und füllte die Gläser wie immer. Und wie immer saß der große Erfinder grübelnd vor seinem Buch. Zeichnete ein paar Striche, radierte sie aus und dachte und dachte ...

Lobkowitz gähnte und langweilte sich. Er trank seinen Wein und murmelte leise vor sich hin, was für ein elendes Leben das sei, keine Gespräche, kein Fortschritt, nur das Ticken der Ewigkeit, eintönig und öde. ›Aber so sind sie nun mal, die Herren Erfinder, nicht hören, nicht sehen, nicht sprechen, nur immer erfinden, still vor sich hin. Prost, Lobkowitz‹, murmelte Lobkowitz und trank seinen Wein.

Da hatte der große Erfinder plötzlich aufgesehen von seinem Buch, auf die Flasche gestarrt, mit einem gierigen Zug das Glas geleert und gleich wieder nachgegossen. Und Lobkowitz hatte gesagt:

›Sieh an, unser Erfinder wacht auf! Guten Morgen und willkommen bei Tisch! Lasst es euch schmecken! Vielleicht wird's doch noch ein lustiger Abend!‹

Da seufzte der große Erfinder und leerte sein Glas zum zweiten Mal und sagte dann:

›Ach, Lobkowitz, es klappt nicht. Ich kann keine Abbilder zeichnen.

Das Äußere ist ja nicht schwierig: Kopf, Hals, Arme, Rumpf und Beine, Hände und Füße und Ohren und Augen und Mund und Nase. Kein Problem, Lobkowitz! Aber das Innere: Lachen und Freude und Liebe und Geduld. Geb ich nur das, dann sind sie doch dümmer als Schafe. Dann können sie nichts aus sich selbst. Dann sind sie so hilflos und wehrlos und schwach. Tu ich jedoch das andere hinzu: Weinen und

Trauer und Hass und Ungeduld, dann sind sie gefährlich, dann müssten wir stets auf sie achten, sie lenken und lehren. Und sie begleiten auf all ihren Wegen. Und das wird nicht möglich sein. Denn wir hätten niemals mehr Ruhe, wir würden sehr müde nach einiger Zeit. Und uns nichts sehnlicher wünschen als ewigen Schlaf. Nein, Lobkowitz, ich kann keine Abbilder zeichnen! Ich gebe auf!‹

So sprach der große Erfinder«, erzählte die Katze, »und er trank ein drittes Glas Wein und war müde und bitter enttäuscht. Und in Lobkowitz' Augen glitzerte es: ein gefährliches Glitzern, wie das Aufflackern eines Gedankens, einer schnellen Idee.

›Komm, Ötte›, sagte er dann. ›Lass den Kopf nicht hängen! Hier! Trink, damit du auf andere Gedanken kommst! Ich habe ja immer gesagt, was brauchen wir Freunde? Wir haben doch uns!‹

Doch da war etwas Falsches in Lobkowitz' Stimme«, sagte die Katze, »da war ein Ton, den ich nie zuvor gehört hatte. Da stimmte was nicht, und der große Erfinder hätte das merken müssen, aber der Wein machte ihn ungenau und milde und trübte sein Ohr und seinen Blick.

Nach dem fünften Glas Wein wurde der große Erfinder fröhlich, und er fing an zu singen. Es waren die alten Lieder, die er früher mit Lobkowitz gesungen hatte. Aber auch da war etwas anders: Denn diesmal sang Lobkowitz falsch. Etwas Hartes lag in seiner Stimme. Ein Krächzen, wie das der balzenden Hähne. Ich ahnte ein Unglück! Und nach dem siebten Glas Wein wurde die Ahnung Gewissheit.

›Ötte, komm her‹, sagte Lobkowitz und griff nach dem Zeichenstift. ›Ötte, wir waren doch immer ein gutes Gespann, und ich zeige dir jetzt, was ich kann! Denn ich habe dir lange genug über die Schulter geschaut! Du wolltest Freunde erfinden, und es klappt nicht. Nach all den Jahrtausenden gibst du jetzt auf? Dann wäre ja alles umsonst gewesen. Keine Gespräche, kein Fortschritt, nur das Ticken der Ewigkeit – und alles umsonst! Nein, Ötte, jetzt zeig ich dir mal, was ich kann! Nur noch dieser eine, der letzte Wunsch, und du wirst sehen: Freunde erfinden – Lobkowitz kann's!‹

Der große Erfinder war ziemlich betrunken, sonst hätte er sich sicher gewehrt«, sagte die Katze, »so aber brummte er nur vor sich hin und ließ es willenlos zu, dass Lobkowitz ihm die Hand führte beim Zeichnen ... hier noch ein Strich und dort noch ein Strich, und Lobkowitz' Augen funkelten vor Eifer und er hatte die Zunge vorgeschoben und sah aus wie ein dummer schwarzer Kater!

Lobkowitz malte den letzten Strich.

Dann war es geschehen!

Da saßen sie nun, die Abbilder – in des Erfinders Küche, um des Erfinders Tisch –, und sie schrien nach Wein und tranken und wollten noch mehr, denn sie schienen sehr durstig zu sein.

Es waren drei! Zwei sahen sehr grob und sehr kräftig aus und trugen Bärte am Kinn, sie glichen den kantigen Katern und den gehörnten Bullen. Das dritte schien von anderer Art zu sein: Es war zarter und weicher und rund, und die Stimme war höher und leiser und wohltönend auch.

›So, Ötte!‹ Lobkowitz strahlte. ›Jetzt haben wir Freunde fürs Leben! Wie findest du sie? Sind sie nicht besser gelungen als alles? Nun sag doch was, Ötte!‹

Der große Erfinder schien sprachlos zu sein. Er schlug sich die Hand vor den Mund und starrte die Abbilder fassungslos an.

Die jedoch lachten jetzt laut und sagten zu Lobkowitz:

›Was will dieser Alte von uns? Warum starrt er uns an wie die Mondkälber? Sag ihm, er soll uns begrüßen! Oder besser noch, schick ihn zu Bett!‹

Dazu lachten sie laut, als wäre ihnen ein besonderer Spaß gelungen. Und Lobkowitz, stolz wie ein Pfau, lachte mit. Er schlug dem großen Erfinder die Hand auf die Schulter und sagte:

›Komm, Ötte, wir singen mit ihnen. Unserer Lieder, Ötte, unsere alten Lieder! Wir lehren sie jetzt, wie man singt!‹

Und Lobkowitz fing an zu singen«, sagte die Katze, »und er sang viel zu laut, und sie sangen mit, obwohl sie die Töne nicht kannten. Ein grässliches Grölen, kaum auszuhalten, so falsch!

Der große Erfinder blieb jedoch stumm.

Und da zerrten sie ihn vom Stuhl und schubsten ihn in der Küche herum, und er taumelte tapsig, so wie ein Tanzbär, und sie klatschten in die Hände und lachten ihn aus.

Da weinte der große Erfinder, ein stummes Schluchzen durchfuhr seinen Körper, und lautlos liefen ihm Tränen übers Gesicht.

Und die Abbilder kreischten jetzt vor Vergnügen und schlugen sich lachend auf ihre Schenkel und riefen:

›He, Lobkowitz, gib ihm zu trinken, dem trübsinnigen Trauerkloß! Auf dass er ein Tänzchen uns tanzt!‹

Und sie packten den großen Erfinder und hielten ihn fest. Und der Größte und Gröbste klemmte den Kopf des großen Erfinders unter den Arm, zog ihm das Kinn nach unten, sodass er den Mund nicht mehr schließen konnte, und dann gossen sie Rotwein in ihn wie in ein Fass.

›Da, Alter, trink! Das macht froh, und danach kannst du tanzen!‹

Da merkte auch Lobkowitz: Das ging zu weit!

Und sein Lachen zerbrach, und sein eitler Stolz wurde Angst.

›Haltet ein!‹, rief er laut. ›Das ist falsch, was ihr tut! Ihr dürft ihn nicht quälen! Er ist doch der große Erfinder!‹

Und er stürzte sich auf sie, um den Freund zu befreien.

Da ballten sie ihre Fäuste und schlugen auf Lobkowitz ein. Und die Zarte und Weiche und Runde stand dabei und feuerte sie mit gellenden spitzen Schreien an.

Der große Erfinder jedoch hatte sich aufgerappelt. Seine Tränen waren versiegt. Alles Weiche und Schwache fiel jetzt von ihm ab. Er presste die Lippen zusammen. Seine Augen wurden zu zornigen Blitzen. Er richtete sich auf, wuchs und wurde streng und mächtig und gerecht.

Und mit donnernder Stimme befahl er:

›Das reicht! Verlasst auf der Stelle mein Haus! Dort ist die Tür! Und wehe euch, wehe, wenn ihr es wagt, mir je wieder unter die Augen zu treten!‹

So sprach der große Erfinder mit donnernder Stimme und schaute danach mit zornigem Blick auf Lobkowitz und befahl:

›Du, Lobkowitz, wirst sie begleiten! Auf all ihren Wegen! Du wirst auf sie achten, sie lenken und leiten und lehren! Du wirst nicht eher ruhen, bis sie wissen, was Recht und was Unrecht ist! Du wirst nicht eher ruhen, bis du sie wirklich zum Abbild gemacht hast!‹

So ist es gewesen, mein Junge«, sagte die alte weise weiße Katze und seufzte. »So musste Lobkowitz den großen Erfinder, das Haus und den Garten verlassen und mit ihm die Abbilder.

Und als sie den Sandweg erreicht hatten, schloss der große Erfinder das Tor hinter ihnen. Für immer und ewig.«

»So«, sagte der Hund. »Jetzt wisst ihr, was los war mit Lobkowitz und G. Ott. Jetzt kennt ihr die ganze Geschichte. Mehr kann ich euch nicht erzählen!«

4. Rudolf Otto Wiemer: Der uralte Hirte von Betlehem

Ganz neu und ganz anders soll die Welt werden. Das erfahren wir von den Propheten des Alten Testaments. Motive, die in der Geschichte vom uralten Hirten von Betlehem ausgemalt werden!

Vorlesedauer: ca. 6 Minuten
Hinweis auf die Bibel: Jesaja 11,1–9; 65,16–25
Altersgruppe: ab der Grundschule

TIPP: *Die jesajanische Vision Jesaja 11,1–9 eignet sich hervorragend für eine Aktualisierung. Gerade für die Gegensatzpaare lassen sich sehr leicht Entsprechungen aus der Gegenwart finden. Und so entsteht eine Friedensvision für das beginnende 21. Jahrhundert.*

Der uralte Hirte von Betlehem

Micha möchte gerne wissen, ob der Großvater an der Krippe in Betlehem gewesen ist.

»Oh ja, ich war dort«, sagt der Großvater: »Aber nicht gleich. Jedenfalls ist das lange her.«

»Wann?«

»Als ich noch ein Hirte war«, sagt der Großvater.

»Hast du das geträumt?«

»Nein«, sagt der Großvater »das denke ich mir aus. Und wahrscheinlich bin ich ein Schafhirte gewesen.«

»Ein Schafhirt in Betlehem?«

»Ja, so stelle ich mir das vor«, sagt der Großvater. »Uralt war ich und sehr misstrauisch. Deshalb dachte ich auch gleich an den Wolf.«

»Warum an den Wolf?«, fragt Micha.

»Hirten müssen immer an den Wolf denken. Hast du nie davon gehört?«

»Doch«, sagt Micha. »Der Wolf schleicht nachts um die Herde und will vielleicht eins von den kleinen Lämmern fressen, wenn keiner aufpasst – sagt Sabine.«

»Aha, Sabine aus dem Kindergarten!«, nickt der Großvater. »Deshalb dachte ich ja auch: Einer muss bei den Schafen bleiben, wenn sie alle zur Krippe gehen wollen. Damit die Herde nicht ohne Schutz ist.«

»Und du bist bei den Schafen geblieben?«, fragt Micha.

»Ja«, sagt der Großvater. »Ganz allein saß ich in der Hürde und stützte den Kopf in die Hände. Ein Feuerchen brannte, weil es kalt war in dieser Nacht.

Um mich herum hatten die Schafe sich zusammengedrängt und ruhten sich aus. Manchmal hörte ich sie leise schnaufen.«

»Und dann? Ist der Wolf dann gekommen?«

»Ja. Plötzlich stand er vor mir. Ich muss wohl doch ein wenig eingenickt sein. Da schreckte ich hoch und sah seine großen Augen.«

»Was wollte der Wolf?«

»Er hatte gar keine Angst vor mir. Dicht heran kam er und fragte mit seiner rauen Stimme: Weshalb bist du nicht bei der Krippe? Ich sagte: Weil ich auf dich gewartet habe. – Was? Auf mich hast du gewartet?, fragte der Wolf. Warum auf mich? Ich antwortete: Ich kenne dich doch. Ich weiß, du hast Hunger und bist ein gefährlicher Räuber. Aber sieh dich vor! Ich leide es nicht, wenn du dich in die Herde einschleichst! Dabei griff ich zu meiner scharf geschliffenen Axt.«

»Sah der Wolf wirklich böse aus?«, fragt Micha.

Der Großvater besinnt sich eine Weile. »Viele Wölfe habe ich gekannt, solange ich Schafhirte war. Nie habe ich etwas anderes gehört, als dass sie Bösewichte sind. Aber merkwürdig, dieser Wolf kam mir seltsam vor. Scheu blickte er mich an und schwieg. Deshalb fragte ich ihn: Bist du denn nicht gekommen, mir ein Schaf oder ein Lamm wegzurauben? Der Wolf schüttelte den Kopf. Nein, sagte er, ein Schaf hätte ich doch längst rauben können, während du schliefst. Meinst du nicht, alter Hirt? Ja, das musste ich zugeben. Müde war ich gewesen und wenig wachsam. Ich stellte die Axt auf die Seite. Fast schämte ich mich vor dem grauen, zottigen Tier. Ich sagte: Das begreife ich nicht, Wolf. Weshalb bist du denn heute so anders?«

»Und was sagte der Wolf?«

»Diese Nacht ist auch anders, sagte er. Eine hochheilige Nacht hat er sie genannt oder so ähnlich. Ich fragte ihn, woher er das so genau wüsste. Oh, sagte der Wolf, der Stern war sehr groß und der Engel stand leibhaftig auf der Erde. Hast du beides nicht bemerkt? Ich sagte: Uralte Hirten sind schwerhörig und fast schon blind. Misstrauisch sind sie obendrein. Da kam der Wolf noch näher heran und sagte: Hör mal, du musst nach Betlehem gehen, du blinder schwerhöriger Hirt. Dort ist ein Stall mit einer Krippe. Und an dieser Krippe bin ich auch gewesen. Ich weiß also jetzt, dass dies eine besondere, eine hochheilige Nacht ist.«

Micha sagt: »Hat der Wolf das Jesuskind gesehen?«

»Ja, er hat es gesehen. Dicht vor der Krippe hat er gestanden. Um ihn herum die Hirten. Und Ochs und Esel und viele andere Tiere: Katze und Maus, Fuchs und Hase, Löwe und Lamm. Sie alle hockten friedlich nebeneinander, behauptete der Wolf. Keins hat das andere gefressen. Nein, in dieser hochheiligen Nacht sind sie alle wie Bruder und Schwester.«

Micha schüttelt den Kopf. »Aber es bleibt nicht immer so, hat Sabine gesagt.«

»Recht hast du!«, ruft der Großvater. »Aber Recht hatte auch der Wolf.«

»Was sagte er?«

»Geh ohne Sorge, sagte er. Und noch etwas, dabei blickte er mich ernsthaft an. Ich will, sagte er, solange du fort bist, auf die Schafe und Lämmer Acht geben. Damit ihnen nichts Böses geschieht. Vielleicht haben nicht alle den Stern und das Kind gesehen.«

»Bist du dann hingegangen, Großvater?«

»Ja, ich bin nach Betlehem gegangen und habe das Jesuskind gesehen.«

»Und der Wolf hat die Schafe gehütet?«

Der Großvater lacht. »Was meinst du, so etwas Merkwürdiges habe ich noch nie erlebt, so uralt ich auch bin. Bedenke doch, Micha: ein Wolf als Schafhirt. Nein, unmöglich kommt mir das vor, sooft ich daran denke. Und es ist trotzdem wahr.«

5. Michael Ende: Momo

Zuhören können, um *das Wort* zu vernehmen: Selten hat jemand die Chancen des Zuhörens so plastisch geschildert wie Michael Ende in der kleinen Episode aus »Momo«. Das kleine Mädchen schlichtet einen Streit, nur weil es zuhört und die Streithähne anfangen, sich zu schämen, also zur Selbsterkenntnis zu gelangen. Am Ende steht die Versöhnung der Streitenden und die Freude Momos, ihre Freunde zurückzuhaben.
Und wer freute sich nicht, wenn Versöhnung den Streit überwindet, während ein Mensch mit uns Geduld hat, auf uns wartet – und wir selbst schließlich zur Einsicht und zum Großmut finden?
Und hat nicht schließlich Gott selbst mit uns Geduld gehabt, bis sein Sohn Mensch wurde, ein Kind zuerst, das uns unsere Größe und Würde neu bewusst macht?

Vorlesedauer: ca. 13 Minuten
Hinweis auf die Bibel: Psalm 80
Hierzu passt: Text 3
Altersgruppe: ab der Grundschule

Momo

Was die kleine Momo konnte wie kein anderer, das war: Zuhören. Das ist doch nichts Besonderes, wird nun vielleicht mancher Leser sagen, zuhören kann doch jeder.

Aber das ist ein Irrtum. Wirklich zuhören können nur ganz wenige Menschen. Und so wie Momo sich aufs Zuhören verstand, war es ganz und gar einmalig.

Momo konnte so zuhören, dass dummen Leuten plötzlich sehr gescheite Gedanken kamen. Nicht etwa, weil sie etwas sagte oder fragte, was den anderen auf solche Gedanken brachte, nein, sie saß nur da und hörte einfach zu, mit aller Aufmerksamkeit und aller Anteilnahme. Dabei schaute sie den anderen mit ihren großen, dunklen Augen an, und der Betreffende fühlte, wie in ihm auf einmal Gedanken auftauchten, von denen er nie geahnt hatte, dass sie in ihm steckten.

Sie konnte so zuhören, dass ratlose oder unentschlossene Leute auf einmal ganz genau wussten, was sie wollten. Oder dass Schüchterne sich plötzlich frei und mutig fühlten. Oder dass Unglückliche und Bedrückte zuversichtlich und froh wurden. Und wenn jemand meinte, sein Leben sei ganz verfehlt und bedeutungslos und er selbst nur irgendeiner unter Millionen, einer, auf den es überhaupt nicht ankommt und der ebenso schnell ersetzt werden kann wie ein kaputter Topf – und er ging hin und erzählte alles das der kleinen Momo, dann wurde ihm, noch während er redete, auf geheimnisvolle Weise klar, dass er sich gründlich irrte, dass es ihn, genauso wie er war, unter allen Menschen nur ein einziges Mal gab und dass er deshalb auf seine besondere Weise für die Welt wichtig war.

So konnte Momo zuhören!

Eines Tages kamen zwei Männer zu ihr ins Amphitheater, die sich auf den Tod zerstritten hatten und nicht mehr miteinander reden wollten, obwohl sie Nachbarn waren. Die anderen Leute hatten ihnen geraten, doch zu Momo zu gehen, denn es ginge nicht an, dass Nachbarn in

5. Michael Ende: Momo

Feindschaft lebten. Die beiden Männer hatten sich anfangs geweigert und schließlich widerwillig nachgegeben.

Nun saßen sie also im Amphitheater, stumm und feindselig, jeder auf einer anderen Seite der steinernen Sitzreihen, und schauten finster vor sich hin.

Der eine war der Maurer, von dem der Ofen und das schöne Blumenbild in Momos »Wohnzimmer« stammten. Er hieß Nicola und war ein starker Kerl mit einem schwarzen, aufgezwirbelten Schnurrbart. Der andere hieß Nino. Er war mager und sah immer ein wenig müde aus. Nino war Pächter eines kleinen Lokals am Stadtrand, in dem meistens nur ein paar alte Männer saßen, die den ganzen Abend an einem einzigen Glas Wein tranken und von ihren Erinnerungen redeten. Auch Nino und dessen dicke Frau gehörten zu Momos Freunden und hatten ihr schon oft etwas Gutes zu essen gebracht.

Da Momo nun merkte, dass die beiden böse aufeinander waren, wusste sie zunächst nicht, zu welchem sie zuerst hingehen sollte. Um keinen zu kränken, setzte sie sich schließlich in gleichem Abstand von beiden auf den Rand der steinernen Bühne und schauten die zwei abwechselnd an. Sie wartete einfach ab, was geschehen würde. Manche Dinge brauchen ihre Zeit – und Zeit war ja das Einzige, woran Momo reich war.

Nachdem die Männer lang so gesessen hatten, stand Nicola plötzlich auf und sagte: »Ich geh'. Ich hab' meinen guten Willen gezeigt, indem ich überhaupt gekommen bin. Aber du siehst, Momo, er ist verstockt. Wozu soll ich noch länger warten?«

Und er wandte sich tatsächlich zum Gehen.

»Ja, mach, dass du wegkommst!«, rief Nino ihm nach. »Du hättest erst gar nicht zu kommen brauchen. Ich versöhne mich doch nicht mit einem Verbrecher!«

Nicola fuhr herum. Sein Gesicht war puterrot vor Zorn.

»Wer ist hier ein Verbrecher?«, fragte er drohend und kam wieder zurück.

»Sag das noch mal!«

»Sooft du nur willst!«, schrie Nino. »Du glaubst wohl, weil du stark und brutal bist, wagt niemand, dir die Wahrheit ins Gesicht zu sagen? Aber ich, ich sage sie dir und allen, die sie hören wollen! Ja, nur zu, komm doch her und bring mich um, wie du es schon mal tun wolltest!«

»Hätt' ich's nur getan!«, brüllte Nicola und ballte die Fäuste. »Aber da siehst du, Momo, wie er lügt und verleumdet! Ich hab' ihn nur beim Kragen genommen und in die Spülwasserpfütze hinter seiner Spelunke geschmissen. Da drin kann nicht mal eine Ratte ersaufen.« Und wieder zu Nino gewandt, schrie er: »Leider lebst du ja auch noch, wie man sieht!«

Eine Zeitlang gingen die wildesten Beschimpfungen hin und her und Momo konnte nicht schlau daraus werden, worum es überhaupt ging und weshalb die beiden so erbittert aufeinander waren. Aber nach und nach kam heraus, dass Nicola diese Schandtat nur begangen hatte, weil Nino ihm zuvor in Gegenwart einiger Gäste eine Ohrfeige gegeben hatte. Dem war allerdings wieder vorausgegangen, dass Nicola versucht hatte, Ninos ganzes Geschirr zu zertrümmern.

»Ist ja überhaupt nicht wahr!«, verteidigte sich Nicola erbittert. »Einen einzigen Krug hab' ich an die Wand geschmissen, und der hatte sowieso schon einen Sprung!«

»Aber es war mein Krug, verstehst du?«, erwiderte Nino. »Und überhaupt hast du kein Recht zu so was!«

Nicola war durchaus der Ansicht, in gutem Recht gehandelt zu haben, denn Nino hatte ihn in seiner Ehre als Maurer gekränkt.

»Weißt du, was er über mich gesagt hat?«, rief er Momo zu. »Er hat gesagt, ich könne keine gerade Mauer bauen, weil ich Tag und Nacht betrunken sei. Und sogar mein Urgroßvater wäre schon so gewesen, und er hätte am Schiefen Turm von Pisa mitgebaut!«

»Aber Nicola«, antwortete Nino, »das war doch nur Spaß!«

»Ein schöner Spaß!«, grollte Nicola. »Über so was kann ich nicht lachen.«

Es stellte sich jedoch heraus, dass Nino damit nur einen anderen Spaß Nicolas zurückgezahlt hatte. Eines Morgens hatte nämlich in knallroten Buchstaben auf Ninos Tür gestanden: »Wer nichts wird, wird Wirt«. Und das fand wiederum Nino gar nicht komisch.

Nun stritten sie eine Weile todernst, welcher von beiden Späßen der bessere gewesen sei und redeten sich wieder in Zorn. Aber plötzlich brachen sie ab. Momo schaute sie groß an, und keiner der beiden konnte sich ihren Blick so recht deuten. Machte sie sich im Inneren lustig über sie? Oder war sie traurig? Ihr Gesicht verriet es nicht. Aber den Männern war plötzlich, als sähen sie sich selbst in einem Spiegel, und sie fingen an, sich zu schämen.

»Gut«, sagte Nicola, »ich hätte das vielleicht nicht auf deine Tür schreiben sollen, Nino. Ich hätte es auch nicht getan, wenn du dich nicht geweigert hättest, mir nur ein einziges Glas Wein auszuschenken. Das war gegen das Gesetz, verstehst du? Denn ich habe immer bezahlt, und du hattest keinen Grund, mich so zu behandeln.«

»Und ob ich den hatte!«, gab Nino zurück. »Erinnerst du dich nicht mehr an die Sache mit dem heiligen Antonius? Ah, jetzt wirst du blass! Da hast du mich nämlich nach Strich und Faden übers Ohr gehauen, und so was muss ich mir nicht bieten lassen.«

»Ich dich?«, rief Nicola und schlug sich wild vor den Kopf. »Umgekehrt wird ein Schuh draus! Du wolltest mich hereinlegen, nur ist es dir nicht gelungen!«

Die Sache war die: In Ninos kleinem Lokal hatte ein Bild an der Wand gehangen, das den heiligen Antonius darstellte. Es war ein Farbdruck, den Nino irgendwann einmal aus einer Illustrierten ausgeschnitten und gerahmt hatte.

Eines Tages wollte Nicola Nino dieses Bild abhandeln – angeblich, weil er es so schön fand. Und Nino hatte Nicola durch geschicktes Feilschen schließlich dazu gebracht, dass dieser seinen Radioapparat zum Tausch bot. Nino lachte sich ins Fäustchen, denn natürlich schnitt Nicola dabei ziemlich schlecht ab. Das Geschäft wurde gemacht.

Nun stellte sich aber heraus, dass zwischen dem Bild und der Rückwand aus Pappdeckel ein Geldschein steckte, von dem Nino nichts gewusst hatte. Jetzt war er plötzlich der Übervorteilte, und das ärgerte ihn. Kurz und bündig verlangte er von Nicola das Geld zurück, weil es nicht zu dem Tausch gehört habe. Nicola weigerte sich, und daraufhin wollte Nino ihm nichts mehr ausschenken. So hatte der Streit angefangen. Als die beiden die Sache nun bis zum Anfang zurückverfolgt hatten, schwiegen sie eine Weile.

Dann fragte Nino: »Sag mir jetzt einmal ganz ehrlich, Nicola – hast du schon vor dem Tausch von dem Geld gewusst oder nicht?«

»Klar, sonst hätte ich doch den Tausch nicht gemacht.«

»Dann musst du doch zugeben, dass du mich betrogen hast!«

»Wieso? Hast du denn von dem Geld wirklich nichts gewusst?«

»Nein, mein Ehrenwort!«

»Na, also. Dann wolltest du mich doch hereinlegen. Wie konntest du mir sonst für das wertlose Stück Zeitungspapier mein Radio abnehmen, he?«

»Und wieso hast du von dem Geld gewusst?«

»Ich hab' gesehen, wie es zwei Abende vorher ein Gast als Opfergabe für den heiligen Antonius dort hineingesteckt hat.«

Nino biss sich auf die Lippen. »War es viel?«

»Nicht mehr und nicht weniger, als mein Radio wert war«, antwortete Nicola.

»Dann geht unser ganzer Streit«, meine Nino nachdenklich, »eigentlich bloß um den heiligen Antonius, den ich aus der Zeitung ausgeschnitten habe.«

Nicola kratzte sich am Kopf. »Eigentlich ja«, brummte er, »du kannst ihn gern wiederhaben, Nino.«

»Aber nicht doch!«, antwortete Nino würdevoll. »Getauscht ist getauscht! Ein Handschlag gilt unter Ehrenmännern!«

Und plötzlich fingen beide gleichzeitig an zu lachen. Sie kletterten die steinernen Stufen hinunter, trafen sich in der Mitte des grasbewachsenen runden Platzes, umarmten einander und klopften sich gegenseitig auf den Rücken. Dann nahmen sie beide Momo in den Arm und sagten: »Vielen Dank!«

Als sie nach einer Weile abzogen, winkte Momo ihnen noch lange nach. Sie war sehr zufrieden, dass ihre beiden Freunde nun wieder gut miteinander waren.

6. Ullrich Löffler: Ein Notfall

Manchmal ist es hilfreich, sich vorzustellen, wie die Leute wohl damals in und um Betlehem auf die Weihnachtsgeschichte reagiert hätten. Der Brief des Elias aus dem »weißen Fisch« ist so ein Denkanstoß. Was würde sich verändern, wenn sich Menschen wirklich auf die Weihnachtsbotschaft einließen? Mit einem Mal werden menschliche Werte wieder wichtig. Die Suppe soll nach Suppe und nicht nach Waschwasser schmecken. Gelehrte Leute, »Krummrücken«, neigen sich vor einem Kind und nicht über ihre Bücher. Hirten, Arbeiter, verzichten aufs wohlverdiente Essen. Und ein geschäftstüchtiger Gastwirt ist zumindest irritiert.
Irritiert uns heute noch ein Gott, dessen Sohn ein hilfloses Menschenkind ist?

Vorlesedauer: ca. 9 Minuten
Hierzu passt: Text 33
Altersgruppe: ab der weiterführenden Schule

TIPP: Solche fiktiven Briefe (auch Tagebucheinträge oder Dialoge) können schon ältere Grundschüler selbst verfassen und dabei zu ganz überraschenden Einsichten gelangen. Auch ein selbst verfasstes Krippenspiel ist denkbar.

Ein Notfall

Elias, Wirt des Gasthauses »Zum weißen Fisch« in Betlehem, an seinen Schwager Benjamin, Wirt des Gasthauses »Zum lachenden Esel« in Samaria.

Mein lieber Benjamin,

nachdem wir ja in derselben Branche arbeiten, muss ich dir unbedingt einen kurzen Bericht über die Betlehemer Zustände in diesen Tagen geben. Ich kann nur sagen: Ich bin im Augenblick drauf und dran, meinen Beruf mehrmals am Tag zu verfluchen.

Der Grund für meinen fortgesetzten Ärger ist folgender: Der unerforschliche Ratschluss des Höchsten – gepriesen sei sein Name – hat uns ja nun eine Steuerpolitik der Regierung (oder soll ich sagen Besatzungsmacht?) beschert, für die das Wort »Tohuwabohu« noch eine kleine Untertreibung ist. Du weißt schon, diese statistischen Maßnahmen, Steuerschätzung genannt, bringen alles durcheinander. Sie schicken jetzt die Leute hin und her, alle müssen sich in irgendwelche Listen eintragen lassen, die örtlichen Behörden wissen kaum Bescheid, mal fehlen Formulare, mal fehlt der Überblick, meistens beides. Die mittleren Beamten der römischen Zählbehörden reden nur noch vom Computus, vor den Zählbehörden bilden sich lange Schlangen, die Leute sind schlichtweg mit den Nerven fertig.

Mit Recht wirst du fragen, wo denn nun eigentlich das besondere Problem für mich als Wirt liegt. Ich will es dir sagen: die Stadt ist zur Zeit einfach hoffnungslos überfüllt. Überall sind Fremde. Das sind wir gar nicht gewohnt, so was hat es hier noch nie gegeben. Um es mit dem Wort des Propheten zu sagen: *Du, Betlehem, bist mitnichten die kleinste unter den Städten Judas.*

Vielleicht sagst du: Aber das ist doch wunderbar für einen Wirt! Überall Leute von auswärts! Die Betten belegt, die Rechnungen saftig, die Gewinnspanne kräftig!

Natürlich hast du recht, der »Weiße Fisch« platzt zur Zeit aus allen

6. Ullrich Löffler: Ein Notfall

Nähten, und eigentlich sollte ich glücklich sein. Die Kasse stimmt. Aber was zu viel ist, ist zu viel. Wir kommen einfach nicht mehr nach. Gestern zum Beispiel weigerte sich meine Magd Martha, noch mehr Wasser in den Bohneneintopf zu gießen, um ein paar Zusatzportionen 'rauszuholen. Sie meinte, einer der Gäste habe sich schon beschwert und geschrien: »Ich will kein Waschwasser, ich will Bohnensuppe!«

Und dann ist da noch die Sache mit der Geburt. Stell dir vor, das hatten wir auch noch, eine Geburt bei uns im Haus. Was heißt »im Haus«, es war im Stall. Und das kam so: Ich hatte meine Magd aus der Küche geschickt, wollte endlich selber Wasser zur Suppe gießen, da steckte Martha den Kopf durchs Fenster herein und sagte: »Ein Notfall, ich glaube, wir haben hier einen Notfall.«

Ich ließ vor Schreck die Wasserkelle fallen und dachte an alles mögliche: Steuerprüfung, Prügeleien zwischen Einheimischen und Fremden, jemand liegt im Sterben ...

Ich sagte: »Beruhige die Leute irgendwie!« Martha flüsterte halblaut durchs Fenster: »Da gibt es nichts mehr zu beruhigen, es ist bald soweit, der Mann ist nervöser als die Frau.«

Langsam wurde mir klar, dass dieser Notfall aus dem üblichen Rahmen fiel. Martha erzählte von dem jungen Paar. Sie sei vielleicht vierzehn oder fünfzehn, hochschwanger, er ein wenig älter. Ich ließ meine Suppe unbehandelt stehen und rannte auf den Hof.

»Shalom«, sagte der Mann hastig, »wir suchen einen Platz, dringend, das Kind kommt bald, sehen Sie denn nicht?« Natürlich, man ist doch nicht blind, man hat ja als Familienvater einen Blick für so was.

Die Frau sagte nur noch: »Irgendwo, bitte irgendwo.« Ich wollte gerade antworten: »Alles belegt!« – da hörte ich Martha sagen: »Der Stall, jetzt geht nur noch der Stall.«

»Danke«, sagte der Mann zu mir, »Gott segne dich und dein Haus.« Martha führte die beiden mit ihrem klapprigen Esel zum wirklich letzten freien Platz des Gasthauses »Zum weißen Fisch«. Dann muss wohl alles sehr schnell gegangen sein.

Später machte Martha Wasser heiß, ich brachte es in den Stall. »Shalom«, sagte der Mann, und es schien mir, als ob die Geburt des Kindes seinen Gruß veränderte. Aber das habe ich mir wahrscheinlich nur eingebildet, lieber Benjamin. Was soll die zufällige Geburt eines Kindes im Großen verändern?

Fest steht allerdings, dass es in dieser Nacht heller war als gewöhnlich. Einige Gäste, die aufs Dach ausquartiert waren, fühlten sich sogar in ihrer Nachtruhe gestört. Sie redeten von »Musik im Dunkeln« und von »Himmelslicht«. Sie stritten darüber, ob das Licht schön oder zum Erschrecken war. Na ja, was die Leute so alles sehen, wenn sie nicht schlafen können.

Als ich am nächsten Morgen in den Stall kam, sagte der Mann wieder »Shalom«. Ach, es wird mir fast schon zuviel mit dem Friedensgerede; der Mann redete ständig davon und die Römer reden vom Frieden und befehlen die Friedhofsruhe im Land. Unsere Väter und Propheten redeten vom Frieden im Auftrag des Höchsten. Aber wann redet Gott heute vom Frieden?

Der Neugeborene schlief. Die Frau betete; sie flüsterte und sang abwechselnd, von der Erhebung der Seele und dass Gott die Hungrigen mit Gütern füllt und die Reichen leer lässt. Martha war fast die ganze Nacht im Stall geblieben. Sie war nicht davon abzubringen, dass es mit diesem Kind etwas Besonderes auf sich habe. Na ja, Dienstbotengerede. So dachte ich bis heute Morgen.

Denn inzwischen bin ich etwas irritiert. Da kamen doch tatsächlich wildfremde Leute, die das Kind sehen wollten. Ich wollte noch fragen: »Woher wisst ihr von dieser Geschichte mit der Geburt?« Aber dann sagte ich nur: »Hinten, im Stall!«. Die Leute, ein paar von diesen stinkenden Schafhirten, waren überhaupt nicht überrascht und hatten es furchtbar eilig. Nicht mal meine Bohnensuppe wollten sie. Sie stolperten durch die Tür hinters Haus, einige fingen beim Hinausgehen an zu singen, nicht sehr schön, aber sehr laut. Manchmal denke ich, dass ich den Geruch ihrer Mäntel nicht mehr aus der Gaststube ’rauskriege. Wie man nur so stinken kann!

Wenig später kamen einige zur Tür herein, denen konntest du die

Gelehrsamkeit schon von weitem ansehen. Du weißt schon, wie die Studierten halt aussehen, krummer Rücken, feine Hände, Denkerfalten im Gesicht. Lehrer, Wissenschaftler, Geistliche, was weiß ich. Jedenfalls Leute, die viel denken, viel reden, viel schreiben und eigentlich wenig arbeiten. »Wir suchen das Kind«, sagten sie, und dann: »Es ist nämlich ein König.«

Benjamin, ich bitte dich! Ein König! In meinem Stall! Was würde zum Beispiel Herodes dazu sagen? Na ja, alles Unsinn! Mit den feinen Herren hab' ich mich aber deswegen gar nicht lange rumgestritten! Ich sagte nur: »Bitte sehr! Hier entlang!« Und die Krummrücken? Freuten sich auf einmal wie die Könige, beglückwünschten sich und nestelten an irgendwelchen Geschenken herum. Ich habe Leute wie sie selten so freimütig lachen sehen. Ich habe ihnen noch nachgerufen: »Meine Herren, passen Sie auf Ihre Kleidung auf! Sonst stinken Sie auf einmal nach Schaf!«

Also, lieber Benjamin, es war alles schon recht merkwürdig. Und ich frage dich: Welches Kind der Welt ist so bedeutend, dass sich zum Beispiel Stinkmäntel und Krummrücken gleichermaßen über seine Geburt freuen?

So, jetzt weißt du so ungefähr die neuesten Nachrichten von hier. Ob eine richtig gute dabei ist, weiß ich nicht so recht, na, vielleicht, dass diese Geburt geklappt hat. Es war ja schon ein arger Notfall, das kann der Himmel bezeugen.

Shalom!
Dein Schwager Elias.

TIPP: *Weitere vorlesenswerte Weihnachtsgeschichten, die einen »anderen« und aufschlussreichen Blick auf das Fest werfen, sind:*

Kirsten Boie: Krippenspiel mit Hund. Oetinger Verlag 1997

Barbara Robinson: Hilfe, die Herdmanns kommen. Oetinger Verlag 1974

2. IN DIE IRRE GEHEN

Weihnachten ist eines der ganz großen, vielleicht das *große und zentrale Fest unserer westlichen Kultur. Nicht, weil es das Geburtsfest Jesu ist. Auch für Christen gewinnt Weihnachten nur an Bedeutung, weil sie zuvor schon Ostern gefeiert haben. Von Ostern her hat Weihnachten Sinn* [vgl. Texte 28 und 32].

Aber längst schon hat Weihnachten die Räume und Grenzen christlicher Kirchen verlassen. Weihnachten ist zu einem winterlichen Straßenfest geworden [vgl. z.B. Text 13]: *Weihnachtsbeleuchtung, Dekoration, Schaufenster, Musik, alles das gehört zu unserem Feiern unbedingt dazu – ebenso wie der Umstand, dass dieses Feiern allerspätestens Mitte November beginnt und kurz vor Neujahr seinen ziemlich abrupten Abschluss findet.*

Man mag das als unpassend empfinden, an den Tatsachen ändert sich dadurch nichts. Aber ist es wirklich so unpassend, dass das Fest der Menschwerdung Gottes sich mitten in unseren Dörfern und Städten abspielt? Geht Weihnachten nicht alle an?

Und wissen die, die das Weihnachtsgeheimnis hüten, bewahren und weitergeben wollen, wissen Christinnen und Christen eigentlich mit diesem Mensch gewordenen Gott etwas anzufangen? Flüchten nicht auch wir allzu oft in die heimelige Stille unserer adventlich geschmückten Kirchen und Häuser? Freuen nicht auch wir uns an Jesus mit dem harmlosen Babylächeln [vgl. Text 9]? *Haben nicht auch wir unser eigenes Jesusbild (Baby oder Revolutionär, Wundertäter, Held, Gott, Leidender usw.) – und verfehlen wir damit das Wunder der Menschwerdung Gottes nicht ebenso wie die Konsumweihnachtsfeier auf den Straßen? Verfehlt eine solche, manchmal herablassende oder besserwisserische Vereinnahmung des »Festes der Feste« Weihnachten vielleicht sogar noch mehr, als es diejenigen tun, die ihre Sehnsucht nach Frieden und Heil im Konsum stillen wollen?*

Gedanken, die irritieren [vgl. auch Text 9] *können und sollen.*

7. Markus Tomberg: Unterwegs

Irgendwann müssen sich die Sterndeuter auf den Weg gemacht haben. Ob ihnen klar war, wohin sie gehen sollten? Hier wird erzählt, wie alle irgendwie in die Irre gingen.

Vorlesedauer: ca. 2 Minuten
Hierzu passen: Texte 1 und 14
Altersgruppe: ab dem Kindergarten

Unterwegs

An diesem Abend kamen nur wenige Sterngucker auf das Dach des Königspalastes.
Jetzt müssen wir die ganze Arbeit allein machen, sagten sie.
Die anderen haben uns im Stich gelassen.
Aber sie hatten gar nichts zu tun. Nur die Sterne anschauen.
Und das ist keine schwierige Arbeit.

Manchmal flimmern die Sterne ein wenig.
Manchmal sieht man gar keine.
Manchmal scheinen sie ganz klar und ganz hell.
Und immer ziehen sie ganz, ganz langsam über den Himmel.

Die anderen Sterngucker machten sich in dieser Nacht auf den Weg.
Sie wollten jetzt Sternsucher sein. Sie wollten ihren Stern wiederfinden.
Sie überlegten gemeinsam, wo sie den neuen Stern gesehen hatten.
Im Norden, sagten die einen.
Im Osten, sagten andere.
Im Süden, sagten wieder andere.
Im Westen, behaupteten die Übrigen.

Und schon wieder gab es Streit. Jeder wollte Recht behalten.
Du hast den Stern ja gar nicht gesehen!, schrie einer.
Du lügst!, ein anderer.
Nachgeher!
Mitläufer!

Schließlich gingen sie los. Die einen nach Norden, die anderen nach Süden, die Dritten nach Osten, die Vierten nach Westen. Alle suchten den Stern. Jeder wollte ihn für sich haben. Keiner traute den anderen.

8. Werner Reiser: Vom Hirten, der die Krippe hütete

Nur einer blieb versunken neben der Krippe sitzen und konnte seinen Blick nicht vom Gesicht des Kindes losreißen ... Aber da hat er irgendetwas falsch verstanden. Eine Geschichte, die ganz vorsichtig davon erzählt, dass Christsein nicht nur fromme Versenkung bedeutet, sondern Dienst am Nächsten ist. Christ ist man für andere, nicht für sich selbst! Alles andere ist ein großer Irrtum!

Vorlesedauer: ca. 12 Minuten
Altersgruppe: ab der Grundschule

Vom Hirten, der die Krippe hütete

Als über den Feldern von Betlehem der Morgen aufleuchtete, brachen die Hirten müde, aber glücklich auf, um zu den Herden zurückzukehren. Sie priesen Gott für alles, was sie gehört und gesehen hatten. Nur einer der mit ihnen hingeeilt war, ging nicht mit ihnen zurück. Er blieb versunken neben der Krippe sitzen und konnte seinen Blick nicht vom Gesicht des Kindes losreißen. Als die anderen ihn anriefen, winkte er still ab und rührte sich nicht von der Stelle. »Lasst ihn, er kommt gern allein zurück. Er war immer etwas seltsam«, sagten sie untereinander und verließen ihn.

In der Hütte wurde es still. Die Eltern sanken in Schlaf und die jubelnden Stimmen der Engel ins Unvernehmbare. Er wachte allein beim Kind. Er wollte und konnte nicht schlafen. Was er in dieser Nacht erlebt hatte, hatte sein Innerstes getroffen. Er wusste nicht, was es war, er ahnte nur, dass etwas erfüllt worden war, wonach er sich immer gesehnt hatte. Ein Leben lang hatte er Schafe gehütet, war freundlich und friedlich mit ihnen gewesen und hatte sich an ihrer Wärme und ihrem Zutrauen gefreut. Auch die Menschen, die ihm ihre Tiere anvertraut hatten, waren mit ihm zufrieden gewesen und hatten ihm seine Treue und Sorgfalt gelohnt. Im Übrigen hatte er sich vor ihnen scheu zurückgehalten, sie waren ihm zu verworren und zu mühsam. Darum war er allein geblieben und hatte das, was er zu geben hatte, den Tieren zugewandt. Aber bei diesem Kind war es anders. Es gab ihm etwas, ohne zu fordern, und es war doch hilflos wie eines seiner neugeborenen Tiere. Sein Instinkt zwang ihn, über dem Kind zu wachen.

Er blieb auch am Morgen bei ihm. Die Eltern schauten ihn fragend an, aber sie fragten ihn nicht. Sie ließen ihn gewähren, als er allerlei in der Hütte aufräumte und ihnen bei ihren Verrichtungen half. Da keine dienenden Engel zu sehen waren, nahmen sie seine kleinen Handreichungen dankbar an. Einer seiner Kameraden kam im Laufe des Tages und fragte ihn, wann er zu seiner Herde zurückkäme. Er antwortete: »Ich weiß es nicht. Ich habe hier zu tun. Sorgt ihr für meine Tiere!«

Während der Nacht wachte er wieder neben dem Kind. So hielt er es Tag für Tag und Nacht für Nacht, bis eines Nachts plötzlich der Vater erwachte, um sich schaute, dann die Mutter weckte und ihr zuflüsterte: »Ich habe im Traum einen Engel gesehen. Er warnte mich, dass Herodes das Kind umbringen will, und befahl mir, mit dem Kind und dir nach Ägypten zu fliehen. Mache dich bereit, wir brechen sofort auf.«

Der Hirte erschrak, als er hörte, in welcher Gefahr das Kind war. Er stand auf. Er trug alles zusammen, was für die Flucht nötig war. Niemand sprach ein Wort. Jeder hantierte still und schnell vor sich hin. Viel gab es nicht zu packen, sie waren bald bereit. Der Mann schulterte das Bündel, die Frau drückte das Kind an sich. Der Hirte nahm das Licht und öffnete die Tür, um im Dunkeln voranzugehen. Da streckte ihm der Vater die Hand entgegen, griff die seine, schüttelte sie herzlich und sagte: »Ich danke dir, dass du zum Kind und zu uns so gut gewesen bist. Gott möge es dir vergelten. Aber nun müssen wir unseren Weg allein weitergehen. Leb wohl.«

Während der Hirte noch wie betäubt dastand, streifte ihn die Mutter mit dem Kind und sagte leise: »Ich werde nie vergessen, was du uns zuliebe getan hast. Ich werde es dem Kind erzählen, wenn es groß sein wird. Gott sei mit dir, wie du mit uns gewesen bist.« Und ehe er es fasste, waren die drei in der Dunkelheit verschwunden.

Er sank auf die Schwelle nieder und blieb lange enttäuscht und traurig sitzen. Sie hatten ihn zurückgelassen, und er hätte ihnen doch so viel helfen können. Sie hatten ihn zurückgelassen, und er hatte doch schon fast zu ihnen gehört. Wie sollte er ohne sie weiterleben? Die paar Tage hatten sein Leben verwandelt. Ein neuer Inhalt war da. Er fürchtete sich davor, sein altes Leben wieder aufzunehmen. Lange saß er da und dachte nach. Endlich stand er auf und ging in die Hütte hinein.

Da fiel sein Licht auf die leere Krippe. Er stutzte, dann lächelte er. Er fuhr mit der Hand über die Krippe: »Er wird wiederkommen, und ich werde inzwischen über seine Krippe wachen. Er soll sie jederzeit bereit finden.« Der Hirte setzte sich neben die Krippe wie in den letzten Tagen und Nächten und fiel in einen tiefen Schlaf.

Als er erwachte, war es heller Tag. Durch die offene Tür schauten neugierige Menschen herein. Sie fragten, wo die junge Familie sei. Er antwortete: »Alle sind diese Nacht weggegangen.« Sie fragten: »Was tust denn du noch hier?« Er antwortete: »Ich muss die Krippe hüten, bis sie zurückkommen.« Sie fragten ihn. »Haben sie es dir aufgetragen?« Er antwortete: »Ich weiß, dass ich es tun muss.«

»Aber was geschieht mit deinen Schafen?«, fragten sie ihn weiter. Er sagte: »Sorgt ihr für sie. Ich habe Wichtigeres zu tun.«

Sie schüttelten den Kopf und sagten zueinander: »Er ist noch wunderlicher geworden. Der Weggang des Kindes hat seinen Verstand verwirrt.« Sie erzählten es im Dorf weiter. Seine Gefährten übernahmen die Herde.

Er aber besorgte die Krippe. Täglich wischte er den Staub weg und machte die Hütte sauber. Er schüttelte das Stroh auf und wechselte es von Zeit zu Zeit aus. Tagsüber legte er sein Fell in die Krippe und streichelte es. Nachts nahm er es heraus und wickelte sich hinein. Er verließ die Hütte nur, wenn er die unentbehrlichsten Dinge besorgen musste.

Einige Wochen waren vergangen. Da wurde das Dorf von Soldaten heimgesucht. Sie drangen in die Hütten ein und erschlugen alle Knaben, die zweijährig und darunter waren. Einer brach auch in die Hütte ein, in der der Hirte wachte. Er sah die Krippe, riss das Fell weg und entdeckte, dass kein Kind darunter lag. Wütend schlug er mit dem Schwert auf das Holz und, als der Hirte sich schützend darüber warf, auch auf ihn. Dann eilte er weiter. Verwundert sank der Hirte neben den Resten der Krippe zu Boden. Er kam wieder zu sich, als ihm eine mitleidige Nachbarin die Wunden verband. Er blickte um sich und sah die Trümmer. Leise sagte er: »Du bist nicht getroffen, du bist noch da. Ich werde dir helfen, wie man mir geholfen hat.« Mühsam richtete er sich auf, las mit verbundenen Händen die Teile der Krippe zusammen und legte sie zitternd nebeneinander. Kopfschüttelnd verließ ihn die Frau.

Während die Leute im Dorf noch über die toten Kinder trauerten und im Verborgenen über das Unglück klagten, das jene Geburt über sie gebracht hatte, begann der Hirte die Krippe zu flicken. Sorgfältig fügte und leimte er die Stücke zusammen, umwickelte die Bruchstellen mit Bändern und füllte übrig gebliebene Spalten mit Harz aus. Nach einigen Tagen nahm er die Bänder weg und sah vor sich die alte Krippe stehen. Er klatschte vor Freude in die Hände und merkte erst jetzt, dass auch sie gesund geworden waren. Er strich mit den Fingern über seine Narben und dann über die Fugen des Holzes und flüsterte verzückt: »Er hat uns geheilt, siehst du, er hat uns geheilt! Das ist ein Zeichen dafür, dass er wiederkommen und uns brauchen wird!«

Als am nächsten Tag die Nachbarin wieder nach ihm sah, konnte er sein Glück nicht verbergen. Er zeigte ihr seine Hände und die Krippe und erzählte, was ihm geschehen war. Sie erzählte es weiter, und so erfuhr es das ganze Dorf. Viele kamen, um die beiden zu sehen und zu bewundern. Da geschah es, dass eine kranke Frau die Krippe berührte. Sie spürte einen Strom von Kraft und wurde gesund. Sie schrie vor Schrecken und Freude auf und erzählte, was sie erlebt hatte. Andere drängten hinzu, berührten das Holz und erfuhren ebenfalls Kraft oder Heilung. Das Wunder sprach sich herum; es lockte von überallher die Leute heran. Mütter brachten ihre kranken Kinder, legten sie in die Krippe und hoben sie gesund heraus. Wer kein Gebrechen hatte, küsste das Holz und fühlte sich glücklich und zuversichtlich. Wieder andere berührten mit kleinen Gegenständen die Krippe und bewahrten diese Gegenstände sorgfältig auf. Einige warfen Münzen hinein. Der Hirte hatte alle Mühe, die Leute daran zu hindern, einzelne Stücke vom Holz abzuschneiden und mitzunehmen. Es schien, als ob das trauernde Dorf an der Krippe etwas von dem ersetzt bekäme, was es verloren hatte.

Doch allmählich erlosch die wunderhafte Wirkung, sei es, dass die Krippe ihre Kraft verlor oder das Volk den Glauben daran. Die Krippe wurde wieder zu einem gewöhnlichen Gegenstand, dessen große Vergangenheit man zwar noch in Erinnerung hatte, aber nicht mehr mit dem täglichen Leben verbinden konnte.

Nur der Hirte wachte weiter und wartete auf die Rückkehr des Kindes. Monate und Jahre vergingen. Kinder wurden geboren, wuchsen heran, heirateten und bekamen Kinder. Für den Hirten blieb das Kind von damals ein Kind, das eine Krippe brauchen würde. Viele zuckten die Achseln über ihn. Einige ärgerten sich an ihm, weil sie die ganze Geschichte, die ihnen so viel Elend gebracht hatte, vergessen wollten. Doch alle hatten sich an ihn und seine Träume gewöhnt und duldeten ihn.

Da geschah es nach vielen Jahren, dass an einem kalten Abend eine Schar von Flüchtlingen ins Dorf kam. Unter ihnen war ein etwas kräftigerer Mann, der die Elenden zu führen schien. Er näherte sich der einsamen Hütte und klopfte an. Der Hirte öffnete und schaute ihn fragend an. Der Mann bat ihn freundlich um Unterkunft für eine Nacht. Der Hirte zögerte erst, ließ aber dann die Flüchtlinge eintreten, als er sah, wie müde und durchfroren sie waren. Sie ließen sich dankbar nieder und schauten scheu herum.

»Bist du allein?«, fragte einer von ihnen den Hirten. Dieser nickte. »Aber du hattest doch ein Kind?«, fragte der Fremde und wies auf die Krippe. Da erzählte ihm der Hirte seine ganze Geschichte. Alle hörten schweigend zu. »Wie lange willst du die Krippe noch hüten?«, fragte der Mann zuletzt. Der Hirte sagte: »Bis er kommt und sie braucht.«

Der Mann nickte schweigend. Dann schaute er auf seine Gefährten und sagte leise: »Diese frieren. Sie sind hungrig. Machst du uns ein Feuer und eine Suppe?«

Der Hirte antwortete: »Ich habe nichts zu heizen und zu kochen.« Plötzlich schaute er erschrocken auf die Krippe. Er stellte sich schützend vor sie und hielt sie mit beiden Händen fest. Der Mann aber trat schweigend hinter die Krippe. Auf einmal schien dem Hirten, als ob ein Licht von diesem Manne ausginge, das die Krippe einhüllte. Im Glanz dieses Lichtes begann sie zu flackern wie wabernder Schein, als ob sie brennen würde, ohne zu verbrennen. Der Hirte rieb sich mit der einen Hand die Augen, um recht zu sehen; er hielt mit der andern das Holz fest. Aber das Licht wich nicht. Da streckte der Hirte beide Hände dem Mann entgegen und rief: »Bist du es?« Da erlosch das Licht und der Hirte sah nur noch den Mann, der über die Krippe hinweg ihn festhielt.

Lange schaute der Hirte jenen an, dann löste er seine Hände von ihm. Er ergriff die Krippe, stellte sie in die Mitte der frierend Herumsitzenden und sagte zu ihnen. »Hier ist Holz für ein Feuer. Bereitet es zu. Ich hole bei den Nachbarn etwas zu kochen.« Und er ging hinaus.

Als er zurückkam, brannte das Feuer schon und erwärmte alle. Der Hirte setzte den Kessel auf und bereitete ihnen eine Mahlzeit. Sie aßen und saßen fröhlich beisammen, bis sie müde wurden und einschliefen. Der Hirte legte sich neben den Mann und bedeckte ihn und sich mit dem Fell. Am Morgen verließen alle gestärkt die Hütte, um weiterzuziehen. Als der Hirte allein war, schaute er auf die kalt gewordene Asche des ehemaligen Krippenholzes. Dann warf er einen letzten Blick durch die Hütte, die so lange seine Heimat gewesen war, nahm seinen Stab und ging zu den Herden hinaus.

9. Reiner Kunze:
2. Bildhaueretüde

Ein kurzer Text, der für sich spricht. Oder doch nicht? Was bedeutet das »RICHTIG NATÜRLICH« in der letzten Zeile? Wie betont man »RICHTIG«?

Vorlesedauer: 1 Minute
Hinweis auf die Bibel: Jesaja 1,3
Altersgruppe: ältere Jugendliche und Erwachsene

TIPP: *Den Text kann man als Collage gestalten!*

2. Bildhaueretüde

Das volk
will ochs und esel

Auch den hauch ihres atems
wenn möglich
aus holz

RICHTIG NATÜRLICH

9. Reiner Kunze: 2. Bildhaueretüde

10. Walter Kempowski: Ein Fest, um das wir uns wirklich keine Sorgen zu machen brauchen

Warum überhaupt sollten wir uns Sorgen machen um ein Fest? Wir leben in einer immer festlicheren Zeit, vor einigen Jahren erst haben wir Halloween neu bei uns eingeführt (und feiern es inzwischen, als hätten wir nie etwas anderes getan)!
Aber wahrscheinlich ist das gerade ein Grund zur Sorge: dass das Feiern immer oberflächlicher, die Festanlässe immer nichtiger werden. Und wir vergessen, das wirkliches Feiern seinen Grund nicht bei uns selbst haben kann, sondern in einem Anlass, den es zu feiern lohnt.

Vorlesedauer: ca. 2 Minuten
Altersgruppe: ältere Jugendliche und Erwachsene

Ein Fest, um das wir uns wirklich keine Sorgen zu machen brauchen

Ein Fest, um das wir uns ja nun wirklich keine Sorgen zu machen brauchen, ist das Weihnachtsfest. Es ist ein expandierendes Fest. Während in früheren Jahren die Adventszeit eine düstere Fastenzeit war, knipst heutzutage jeder Tankstellenbesitzer schon am 1. Dezember einen Tannenbaum an. »Christ der Retter ist da«, der sorgt dafür, dass jeder auf seine Kosten kommt. Wer zu Weihnachten nach Mallorca fliegt und dort »Häschen hüpf!« mit Animateuren spielt, ist selber schuld. Diese herrlichen verkaufsoffenen Sonnabende allein!, an denen noch rasch das Drachenfutter für die Frau gekauft wird und für den Papi ein Videorecorder, wie könnte man sich das entgehen lassen!

Die Weihnachtsferien in der Schule, im Bibelkreis, im Betrieb ... In jeder Stadt Lichtgirlanden über den Einkaufszentren: Christ der Retter ist da? Wer stimmte nicht ein in die Klagen der Puristen, dass es das Kind in der Krippe nicht sehr bequem gehabt habe? Und doch, ein Weihnachtsbaum muss sein, wenn auch ein ganz kleiner. Die Kinder sind schon groß, die leben in Düsseldorf, und die Frau sitzt einem gegenüber an diesem Abend, und man weiß, dass ein Teil ihrer Falten und der weißen Haare auf das eigene Konto geht. An einem solchen Abend stellen sich Restbestände von Kindheitserinnerungen ein, die uns für ein paar Stunden »guter« machen, und das ist schließlich auch was wert.

10. Walter Kempowski: Ein Fest, ...

11. Christine Nöstlinger: Der Christbaum meiner Mutter

Die Geschichte von einer Frau, die ganz für Weihnachten lebt. Doch für welches Weihnachtsfest lebt sie denn? Für ihre Erinnerung? Für ein Stück Frieden und Harmonie? Für ein Stück Sicherheit und Verlässlichkeit in ihrem Leben? Ein Text, der nach den vielen Gründen, aus denen auch wir Weihnachten feiern, fragen lässt.

Vorlesedauer: ca. 9 Minuten
Altersgruppe: ältere Jugendliche und Erwachsene

TIPP: *Weihnachtswünsche und Weihnachtserwartungen darstellen – daraus kann ein ganzer Weihnachtswald werden, wenn Sie als »Stamm« von Weihnachtsbäumen das Wort »Weihnachten« wählen und quer dazu, als »Zweige« des Weihnachtsbaumes, passende (oder unpassende) Weihnachtswünsche, -erwartungen, -hoffnungen und -ängste aufschreiben. Achten Sie nur darauf, dass »Zweige« und »Baumstamm« einen gemeinsamen Buchstaben haben. Manche der so entstehenden »Tannen« werden sicher recht zerzaust dastehen. Aber lassen Sie sich überraschen, was für ein aufschlussreicher Weihnachtswald auf diese Weise entstehen kann! Das fertige Bild eignet sich dann für Schaukasten, Schule, Gruppenstunde oder einen Gottesdienst!*

Der Christbaum meiner Mutter

Manche Leute leben fürs Briefmarkensammeln. Sie arbeiten, essen, schlafen und gehen ins Kino; aber wichtig sind ihnen nur die Briefmarken. Was für die einen Briefmarken, ist für andere Bergsteigen oder Bücherlesen. Für meine Mutter war es Weihnachten. Sie hat für Weihnachten gelebt.

Meine Mutter ist ein sehr reiches Kind gewesen. Sie hat in einem großen Haus gewohnt, Dienstboten waren da, eine sehr dicke Großmutter, und alles, was das reiche Kind gewollt hat, hat es bekommen. Dann hat die sehr dicke Großmutter der Schlag getroffen, und der Erste Weltkrieg ist gekommen. Ein reiches Kind darf seinen Reichtum nicht verwalten. Die Obervormundschaft passt auf das Geld auf. Und die Obervormundschaft hat vom Geld meiner Mutter Kriegsanleihen gezeichnet. Gewehre und Munition und Uniformen sind davon gekauft worden. Der Kaiser hat versprochen, nach dem Krieg das Geld mit Zinsen zurückzuzahlen. Aber der Kaiser hat den Krieg verloren, und der Reichtum war weg, und meine Mutter ist in ein Heim gekommen, in dem sie nicht glücklich war. Glücklich war sie nur, wenn sie an früher gedacht hat, an das große Haus und die sehr dicke Großmutter, und weil Weihnachten dort besondert glitzernd und duftend und prächtig war, hat sie sich immer an Weihnachten erinnert und von Weihnachten geträumt. Und als meine Mutter dann erwachsen war und Kinder gehabt hat, hätte sie ihren Kindern natürlich gern alles gegeben, was in ihrer Erinnerung schön war. Doch das war nicht möglich, weil wir arm waren. Aber einmal im Jahr wenigstens wollte meine Mutter, dass es so wird wie in ihrer schönsten Erinnerung. Alles sollte so glitzern und duften und prächtig sein wie bei der sehr dicken Großmutter im großen Haus.

Schon im Frühjahr durfte ich den Schrank nicht aufmachen. Hinter der Wäsche waren die ersten Weihnachtsgeschenke.

Ab Mai versteckte meine Mutter, wenn ich ins Zimmer kam, schnell etwas unter einem Tuch. Sie arbeitet an den gestrickten Geschenken.

Im Herbst verhandelte sie flüsternd mit der Nachbarin, und kurze Zeit später türmten sich auf den Nachbarschränken verpackte Riesendinge. (Schaukelpferde, Fahrräder und Kaufläden waren in unserer winzigen Wohnung nicht zu verbergen.) Im Oktober wickelte meine Mutter Schokolade in Fransenpapier, und ab November, wenn der Kaufmann den Christbaumbehang bekam, kam sie summend vom Einkaufen zurück und brachte stanniolgewickelte Engel, Papageien und Dampfschiffe heim. Jeden Abend zählte sie ihre wachsenden Schätze. Den Christbaum kauften wir am ersten Tag, an dem Christbäume zu kaufen waren. Meine Mutter sagte nicht: Heute ist der 5. Dezember. Sie sagte: Heute in neunzehn Tagen ist Weihnachten. Und mit jedem Tag wurde sie lustiger und bekam Augen wie gläserne Christbaumkugeln. Am 21. Dezember begann sie mit dem Möbelrücken. Wir hatten nur ein Zimmer. Für den Christbaum war da kein Platz. So kam das Radio auf den Schrank und das Radiotischchen in den Keller, der Esstisch wurde an die Betten gerückt, der weiche Stuhl kam in die Küche. Dann holte meine Mutter den Christbaumschmuck vom Dachboden und polierte Glaskugeln, bügelte Silberfäden, bog Engelsflügel zurecht, klopfte Kerzenhalter gerade, zupfte Silbergirlanden von Wachs frei und strich den Stern für die Baumspitze mit Goldlack. Niemand konnte sie dabei stören.

Am 24. Dezember, Punkt elf Uhr, sagte dann meine Mutter: »Vater, der Baum!« Es war jedes Jahr das gleiche! Hatte mein Vater den verschneiten hartgefrorenen Baum vom Hof hereingeschleppt, stellte sich heraus, dass meine Mutter den Baum unterschätzt oder die Höhe des Zimmers überschätzt hatte. Fluchend nahm mein Vater den Fuchsschwanz und kürzte den Baum um einen Meter. Und schimpfte auf den Trampel von einer Frau, die Jahr für Jahr zu hohe Bäume kauft. Meine Mutter summte »Ihr Kinderlein kommet« und kehrte Tannennadeln und Sägemehl weg und wischte die Wasserlachen vom geschmolzenen Schnee auf. Auch der gekürzte Baum hatte einen sehr dicken Stamm. Mein Vater schwitzte sich nass, bis er den Stamm fest im Christbaumhalter hatte. Stand der Baum dann endlich aufrecht und mit den untersten Astreihen sowohl mein halbes Bett als auch den halben Esstisch verdeckend, suchte ihn meine Mutter nach unschönen Stellen ab, und mein Vater musste Löcher in den Stamm bohren und Teile der abgesägten Äste in die Löcher leimen. Mit Hilfe der Hausleiter behängten wir den Christbaum. Ich habe – als Kind – nie schwerer gearbeitet als an diesem Tag. Stunden um Stunden befestigte ich Behang an Schnur, Schnur an Haken, Haken an Ast. Dann kam das Lametta, und die Kerzen folgten den Sternspuckern. Im Haus hatten längst alle Bescherungsglöckchen gebimmelt, und durch alle Ritzen roch es nach Karpfen und Backfett, bis wir den Christbaum fertig hatten. Dann hockten meine Schwester und ich auf zwei Schemeln in der Küche und warteten. Zwischendurch mussten wir die Augen fest zumachen, weil meine Mutter die großen Pakete von der Nachbarin durch die Küche ins Zimmer schleppte. Und unser Vater kam alle paar Minuten aus dem Zimmer, mit Bergen von Packpapier, Schnüren, Schachteln und murmelte: »Der helle Wahnsinn, der blanke Irrsinn«, bevor er wieder im Zimmer verschwand. Wenn meine Schwester und ich bis weit über die Knie im Packpapier hockten, bimmelte im Zimmer das Glöckchen und meine Mutter machte die Tür auf. Nirgendwo in der ganzen Stadt gab es größere Berge von Geschenken! Alles, was wir uns gewünscht hatten und noch viel mehr, war da. Meine Mutter hatte uns zugeschaut, wie wir gierig und vor Freude quietschend alles angestaunt haben und hat gesagt: »Grafenkinder können auch nicht mehr bekommen!«

Das Geld für den Christbaum und die Geschenke hat meine Mutter mit Heimarbeit verdient. Jeden Tag hat sie stundenlang Gummibänder an Haarnetze gesteppt, Dochte für Grablichter in Spanringe gesteckt und Papiersiegel an Aufreißschnüre für Kaiserborax geklebt. Über zehn Jahre hat sie einen Mantel getragen, und wenn in der Schule Sprechtag war, hat sie sich den Mantel von der Nachbarin geborgt, damit sie sich in der Schule nicht genieren muss. Sie war nie auf Urlaub, nie im Theater. Sie hat keinen Schmuck gehabt, sie hat oft kein Geld gehabt, wenn der Kassierer vom Gaswerk gekommen ist. Sie hat nur Weihnachten gehabt.

11. Christine Nöstlinger: Der Christbaum meiner Mutter

Mein Vater ist tot, und ich bin erwachsen. Zu Weihnachten kommt meine Mutter zu mir. Meine Töchter sagen, das Fest des Friedens sei eine Augenwischerei. Und unser Christbaum ist sehr klein. Er hat aber Wurzeln. Wir pflanzen ihn später im Garten ein, damit er einen Sinn hat.

Wenn meine Mutter zu Weihnachten bei uns den kleinen Christbaum anschaut und ihre Enkel, die seit Wochen in den Pelzjacken herumrennen, die eigentlich als Weihnachtsgeschenk gedacht waren, dann schäme ich mich; obwohl ich gar nichts dafür kann, dass der Kaiser den Ersten Weltkrieg verloren hat.

12. Klaus Pokatzky: Die lange Nacht

Wie Weihnachten aussieht, wenn es seine Mitte verloren hat, schildert Klaus Pokatzky – und hält vielleicht mancher heimischen Feier einen Spiegel vor Augen.

Vorlesedauer: ca. 5 Minuten
Altersgruppe: ab der weiterführenden Schule

TIPP: *Der (nicht mehr ganz frische) Text lässt sich neu fassen, indem die Weihnachtsschilderungen des Herrn P. aus Bochum durch die Weihnachtsschilderungen von verschiedenen Leuten von heute ersetzt werden. Vielleicht ergibt sich auf diese Weise eine aufschlussreiche Ausstellung?*

Die lange Nacht

Herr P. liebt Weihnachten. Heiligabend gehört er ganz seiner Familie in Bochum: Mutter, Bruder, Schwester, Schwager, Nichte, Neffe. Herr P. lebt in Berlin und Hamburg. Allein. Niemand steckt ihm dort einen Adventskranz. Niemand füllt ihm zu Nikolaus die Stiefel. Doch Weihnachten hat Herr P. seine Familie. Auch, wenn er seine Lieben das Jahr über nur selten besucht – Weihnachten ohne sie ist für ihn so undenkbar wie ein Motorrad ohne Lenker. Das war immer so. Das bleibt so.

Im *Schrank,* wie der Familienjargon das vier Quadratmeter winzige Gästezimmer im Hause der Schwester nennt, findet Herr P. neben seinem Bett den lang ersehnten Adventsteller. Prall gefüllt mit Nüssen und Lebkuchen, Äpfeln und Marzipankartoffeln. Und Rotwein und Zigaretten. Wohlig schläft er so in den Heiligen Abend hinein. Schwester, Schwager, Nichte, Neffe besuchen nachmittags die Weihnachtsmesse in der nahen Kirche. Herr P. legt sich derweil aus dem *Schrank* in die Badewanne, trinkt dort Tee und liest in den Donald-Duck-Büchern des Neffen. Wenn die Kirchgänger heimgekehrt sind, geht es Schlag auf Schlag, *the same procedure as every year.*

Kurz darauf erscheinen Mutter und Bruder. Das Verteilen der Geschenke wird, wo die Nichte 16 und der Neffe auch schon 13 ist, ruhig und neidlos abgewickelt. Nur Herr P., der reich beschenkt wird, hat Mühe, seiner Aufregung und Erwartung Herr zu werden. Es trifft sich daher gut, dass nun die Kerzen des deckenhohen Weihnachtsbaumes angezündet werden und der Neffe Herrn P. ins Schlafzimmer bittet, wo der Zweitfernseher steht, auf dem das neueste Computer-Telespiel ausprobiert wird. Da Herr P. dabei keine Chance hat, wird er schon bald von seinem Bruder abgelöst.

In der Küche wirkt der Schwager am Weihnachtsessen: Ente und Gans, Rotkohl und Apfelkompott, Kartoffeln und Klöße sowie Unmengen Bratensoße, wie sie Herr P. und sein Bruder so lieben. Gegen 19 Uhr ist das Essen fertig und der Schwager auch. Zum Mahl wird viel

Rotwein gereicht, und der Schwager verschwindet alle paar Minuten in der Küche, um die Saucieren aufzufüllen. Danach versinkt die Familie in einträchtiger Erschöpfung in der polster-bequemen Sitzgruppe des Wohnzimmers. Herr P. liegt bewegungsunfähig auf dem flauschigen Teppichboden. Nun reicht der Schwager Sekt, und gegen 21 Uhr kann man in fortgeschritten heiterer Gelöstheit die Mutter des Schwagers und die Freundin des Bruders willkommen heißen, die ihre ersten Weihnachtsfeiern bei anderen Angehörigen schon hinter sich gebracht haben.

Nun holt die Mutter ihre alte Laute hervor und der Neffe seine Blockflöte, und die Familie versucht, Weihnachtslieder zu singen. Herr P. und sein Bruder singen am lautesten und falschesten, und es ist sehr gemütlich. Spätestens jetzt beginnen Herr P. und sein Bruder ihr Gespräch über die schöne alte Krippe unter dem Weihnachtsbaum, die mit ihren bunten Figuren aus ihrem Elternhaus stammt und, ohne jede Rücksprache mit den Brüdern, von der Mutter einfach an die Schwester gegeben wurde. Das ist der Moment, wo die Schwester sagt: »So, jetzt reden wir mal von etwas anderem«, der Schwager eine weitere Flasche öffnet, und die Mutter rasch noch einmal die Laute hervorholt. Gegen 23 Uhr fährt die Familie in die Innenstadt, wo der Bruder ein *Rock-Café* betreibt, in dem Herr P. in der Heiligen Nacht Bier zapfen und Sekt ausschenken wird – ein besonderes Weihnachtsvergnügen für einen, der das ganze Jahr über auf der anderen Seite des Tresens stehen muss. Die Familie ordert eine Flasche Sekt nach der anderen. In der Heiligen Nacht schläft Herr P. immer besonders tief und fest.

13. Udo Körner: das gönnen wir uns

Noch ein äußerst weihnachtskritischer Text über eine Feier ohne Sinnmitte – und doch oft entlarvend aktuell. Eine ganz eigene Korrelation findet hier statt: harte Krippe – harte Bänke, preiset – Preiselbeeren. Vielleicht aber gerade jene Korrelation, die Religionspädagogen aus leidvoller Erfahrung kennen und die hier produktiv aufgenommen werden kann. Das gönnen wir uns – was gönnt uns dagegen Gott?

Vorlesedauer: ca. 2 Minuten
Altersgruppe: ab der weiterführenden Schule

das gönnen wir uns

Wir gehen wieder ins weihnachtsoratorium
wir haben schon karten
das gehört einfach dazu
das lassen wir uns nicht nehmen
das gönnen wir uns
so viel zeit muss sein
zum abschalten und mitsummen
hoffentlich ist gut geheizt
letztes jahr hats gezogen
und das bei diesen preisen

drum jauchzet frohlocket
auf preiset die tage

und preiselbeeren und kroketten
zum rehrücken an den festtagen
mal anders als sonst

ja mein herzliebes jesulein
mach dir ein rein sanft bettelein

die betten müssen auch noch überzogen werden
bevor der besuch kommt
nein diese herrliche musik von bach
und die choräle
und dann dieser tolle einfall

der die ganze welt erhält
muss in harten krippen schlafen

13. Udo Körner: das gönnen wir uns

die kirchenbänke sind auch ganz schön hart
und ein bisschen wohlgefühl und wohlgefallen
dürfte man schon erwarten
vielleicht gehen wir nächstes jahr
doch in den messias
der hat auch ein paar highlights

halleluja und so

3. NICHT MEHR WEITER WISSEN

Nicht nur Hobbyastronomen beklagen die zunehmende Lichtverschmutzung unserer Nächte. Es ist schwierig geworden, im Freien die Dunkelheit einer Winternacht wirklich zu erleben. Wir haben die Dunkelheit durch eine Vielzahl künstlicher Lichtquellen beendet.

Die alte Metapher vom Licht in der Finsternis hat für uns an Bedeutung verloren. Weihnachten zeigt, dass die Dunkelheit längst nicht mehr das letzte Wort hat. Das Fest vom Licht, das unsere Nacht hell macht, findet in einer zwielichtigen Dämmerung statt. Und die ist ihrerseits recht gut geeignet, die Situation von Christinnen und Christen zu beschreiben. Zwielichtig sein – die Bibel spricht vom Lau-sein (vgl. Offenbarung 3,16) *–, das bedeutet: sich nicht mehr auskennen, nicht weiterwissen (mit der Welt, mit der Weitergabe des Glaubens, über das, was richtig und falsch ist in einer Welt, die von Tag zu Tag immer komplizierter wird), keine Ahnung haben, wie das heute gehen soll: Licht der Welt und Salz der Erde zu sein. Nein, wir kennen uns längst nicht mehr aus, aber sind nur selten ehrlich genug, uns das wirklich einzugestehen.*

Allerdings ist Weihnachten, wenn man nur genau genug hinschaut, auch so ein Fest des sich nicht Auskennens. Die Weisen, von denen Matthäus erzählt [vgl. auch Text 14], *gehen regelrecht in die Irre, als sie sich in Jerusalem am Ziel glauben. Und die Schriftgelehrten am Hof des Herodes, die sie geradewegs nach Betlehem schicken, was tun die anderes, als die ungebetenen Gäste gleichsam in die Wüste zu schicken? Wären sie und Herodes wirklich überzeugt, ein gefährlicher Gegner wäre geboren worden, wären sie dann nicht selbst als erste hingegangen? Und auch die anderen Figuren der Weihnachtsgeschichte wissen gar nicht so recht, was geschieht: Wie soll das geschehen, fragt Maria den Engel* (Lukas 1,34; ähnlich fragt auch Zacharias: Lukas 1,18).

Weihnachten heißt auch, sich einzugestehen, dass wir mit unserem Latein am Ende sind. Dass wir die letzten und wichtigsten (und manchmal auch die nächsten und alltäglichsten) Fragen nicht beantworten können. Dass wir uns mit Behelfen, Scheinantworten, Lebenslügen über die Runden helfen. Und dass die Welt nicht so eindeutig ist, wie wir sie nur zu oft und nur zu gern hätten.

14. Markus Tomberg: Am Ziel?

Matthäus erzählt, dass die Weisen aus dem Osten es zuerst in Jerusalem versucht haben. Die Geschichte erklärt, wieso die Sterndeuter Jerusalem mit ihrem Stern verwechseln konnten.

Vorlesedauer: ca. 3 Minuten
Hierzu passen: Texte 7 und 19
Altersgruppe: ab dem Kindergarten

Am Ziel?

Schon lange waren die Sternsucher unterwegs. Viele Nächte. Sogar einige Tage lang waren sie weitergegangen. Sie waren erschöpft. Und sie hatten den Stern nicht gefunden.

Sie waren durch eine Wüste gegangen (natürlich nur nachts, denn tagsüber war es viel zu heiß, um durch die Wüste zu gehen). Sie hatten Flüsse überquert. Sie waren durch Städte und Dörfer gezogen. Jetzt konnten sie nicht mehr.

Sie waren in ein Tal gekommen. Ein Weg führte hinaus aus dem Tal. Ob sie den nehmen sollten?

Als es dunkel wurde, schauten sie zum Himmel. Sie suchten immer noch ihren Stern, aber sie hatten kaum noch Hoffnung. Ob sie sich geirrt hatten? Ihre Augen folgten dem Weg.

Plötzlich erschraken sie. Am Ende des Weges leuchtete etwas. War das ihr Stern? Er schimmerte und glitzerte und war groß und nah.

Wir haben ihn gefunden, sagten sie.
Wir sind am Ziel!
Wir haben es geschafft.

Und sie liefen und rannten und stolperten und kamen nur mühsam vorwärts, denn der Weg war sehr steil. Ihnen war, als kämen sie trotzdem immer näher heran an ihren Stern.

Schließlich blieben sie stehen. Sie standen vor einem Stadttor. Dahinter glitzerte und blinkte die Stadt. In manchen Fenstern war noch Licht.

Und einige Dächer glänzten und glitzerten im Sternenlicht. Sie hatten aus der Ferne die Stadt für ihren Stern gehalten. Sie schwiegen, denn sie waren außer Atem und enttäuscht.

Was sollen wir tun, fragten sie sich.
Wohin sollen wir jetzt noch gehen.
Wir sind in die Irre gegangen.

Und sie waren ganz verzweifelt. Sie wussten nicht weiter. Und sie legten sich draußen vor der Stadt schlafen, denn das Tor war schon für die Nacht verschlossen.

14. Markus Tomberg: Am Ziel?

15. Dino Buzzati: Zu viel Weihnachten

Ochs und Esel kennen sich nicht mehr aus. Irgendwie ist zu viel Weihnachten, zu viel Stimmung. Irgendwie ist dabei etwas verloren gegangen!

Vorlesedauer: ca. 12 Minuten

Hinweis auf die Bibel: Jesaja 1,3

Altersgruppe: ab der weiterführenden Schule

Zu viel Weihnachten

Erinnerst du dich noch«, fragte im Paradies der Tiere die Seele des Eselchens die Seele des Ochsen, »erinnerst du dich noch zufällig an jene Nacht vor vielen Jahren, als wir in einer Art Hütte standen, und gerade dort in der Krippe ...?«

»Lass mich nachdenken! Ja richtig«, bestätigte der Ochse, »in der Krippe lag ein neugeborenes Kind. Wie hätte ich das vergessen können? Es war ein so schönes Kind.«

»Seit damals, wenn ich nicht irre«, sagte nun das Eselchen, »weißt du, wie viele Jahre seit damals vergangen sind?«

»Wo denkst du hin, ich mit meinem Ochsengedächtnis.«

»Eintausendneunhundertzweiundsechzig.«

»Was du nicht sagst!«

»Und im Übrigen, weißt du übrigens, wer das Kind gewesen ist?«

»Wie soll ich das wissen. Es waren doch Leute auf der Durchreise. Gewiss ein wunderschönes Kindlein. Merkwürdig, dass es mir nie aus dem Sinn gekommen ist, und dabei schienen seine Eltern doch ganz gewöhnliche Menschen. Sag mir, wer war es?«

Das Eselchen flüsterte etwas ins Ohr des Ochsen.

»Aber nein«, sagte dieser verblüfft, »wirklich? Du scherzest wohl nur?« »Nein, es ist die reine Wahrheit. Ich schwöre ... übrigens hatte ich es schon damals sofort verstanden.«

»Ich nicht, ich gebe es zu«, sagte der Ochse, »aber du bist eben intelligenter als ich. Ich habe es nicht einmal geahnt. Obwohl es wirklich ein wunderschönes Kind war.«

»Nun gut, seit damals feiern die Menschen jedes Jahr ein großes Fest zu seinem Geburtstag. Es gibt keinen schöneren Tag für sie. Wenn du sie nur sehen könntest. Es ist eine Zeit allgemeiner Heiterkeit, Seelenruhe, Sanftmut, Frieden, der Familienfreuden, des Sichgernhabens. Selbst Mörder werden zahm wie Lämmer. Weihnachten nennen es die Menschen. Übrigens, mir kommt ein guter Gedanke. Da wir schon davon sprechen, soll ich sie dir zeigen?«

15. Dino Buzzati: Zu viel Weihnachten

»Wen?«

»Die Menschen, die Weihnachten feiern.«

»Wo?«

»Unten auf der Erde.«

»Warst du schon einmal dort?«

»Jedes Jahr mache ich einen Sprung hinunter. Ich habe einen besonderen Passierschein. Aber ich denke, du wirst auch einen bekommen, denn nach allem könnten wir zwei wohl auch auf etwas Anerkennung Anspruch erheben.«

»Weil wir das Kindlein damals mit unserem Atem wärmten?«

»Komm, beeile dich, wenn du nicht das Beste versäumen willst. Heute ist Heiliger Abend.«

»Und mein Passierschein?«

»Sofort gemacht, ich habe einen Vetter beim Passamt.«

Der Passierschein wurde bewilligt. Sie setzten sich in Bewegung, und unendlich leicht, wie es körperlosen Säugetieren eigen ist, schwebten sie vom Himmel auf die Erde. Bald entdeckten sie ein Licht und hielten darauf zu. Aus einem wurden Tausende, es war eine riesenhafte Stadt. Und da durchwanderten nun Eselchen und Ochse unsichtbar die Straßen des Zentrums. Da es sich um Geister handelte, fuhren Autobusse, Automobile, Straßenbahnwagen durch sie hindurch, ohne Schaden anzurichten, und selbst durch Mauern war es ihnen gegeben zu gehen, als ob sie Luft wären. So vermochten sie alles nach Herzenslust zu betrachten.

Es war wirklich ein eindrucksvolles Schauspiel: Tausende von Lichtern in den Schaufenstern, Blumengewinde, Girlanden, unzählige Tannenbäume; die ungeheure Stauung der Wagen, die sich abmühten, durch enge Straßen zu fahren, und das wirblige Gewimmel und Hin und Her der Menschen, die sich in den Läden drängten, hinein- und wieder herausströmten, sich mit Paketen und Paketchen beluden und alle gespannte und frenetische Gesichter hatten, als würden sie gejagt. Das Eselchen schien bei diesem Anblick wie verzückt, während der Ochse sich voller Entsetzten umsah.

»Höre, Freund Eselchen, du hast mir gesagt, dass du mir Weihnachten zeigen wolltest. Du hast dich wohl geirrt. Ich sage dir, hier ist doch Krieg!«

»Siehst du denn nicht, wie zufrieden alle sind?«

»Zufrieden? Mir kommen sie wie Wahnsinnige vor. Sieh doch auf ihre besessenen Gesichter, ihre fiebrigen Augen.«

»Du bist eben ein Provinzler, mein lieber Ochse, und bist nie aus dem Paradies herausgekommen. Du verstehst die modernen Menschen nicht. Um sich zu unterhalten, um sich zu freuen, um sich glücklich zu fühlen, haben sie es nötig, ihre Nerven zu ruinieren.«

Laufburschen auf Fahrrädern, die gefährlich große Paketbündel balancierten, zogen vorbei; Lieferwagen wurden be- und entladen; riesige Mengen von Süßigkeiten und Berge von Blumen lösten sich unter dem Ansturm keuchender Menschen auf; Lampen blitzten und verloschen; seltsame Lieder, die Schreien ähnelten, dröhnten von allen Seiten. Dank seiner körperlosen Natur flog der Ochse neugierig zu einem Fenster im siebenten Stock hinauf. Das Eselchen folgte gutmütig.

Sie sahen in ein reich möbliertes Zimmer, wo eine sorgenvolle Dame vor einem Tisch saß. Linker Hand lag ein Haufen von fast einem halben Meter farbiger Karten und Kärtchen aufgebaut und rechts von ihr ein Stoß weißer Billette. Die Dame, sichtlich bemüht, keine Minute zu verlieren, nahm hastig ein farbiges Kärtchen, betrachtete es einen Augenblick lang, sah in einem dicken Buch nach und schrieb sodann etwas auf eines der weißen Billette, steckte es in einen Umschlag, schloss den Umschlag, dann nahm sie vom linken Stoß ein neues buntes Kärtchen und wiederholte die ganze Prozedur. Ihre Hände bewegten sich so schnell, dass man ihnen kaum folgen konnte. Wie lange würde es wohl nötig sein, alles zu erledigen? Man sah es der Unglücklichen an, dass sie fast nicht mehr konnte, und dabei war sie erst am Anfang.

»Hoffentlich bezahlen sie sie wenigstens gut für eine solche Schufterei«, sagte der Ochse.

»Bist du naiv, lieber Freund! Das ist eine außerordentlich reiche Dame aus der besten Gesellschaft.«

»Und warum arbeitet sie sich dann zu Tode?«

»Sie arbeitet sich gar nicht zu Tode, sie antwortet nur auf Glückwunschkarten.«

»Glückwunschkarten? Was nützen die?«

»Nichts, absolut nichts. Aber wer weiß, warum, die Leute haben jetzt eine besondere Vorliebe dafür.«

Sie sahen in ein anderes Zimmer hinein. Auch da saßen Leute mit Schweißperlen auf der Stirn und in Aufregung und schrieben Glückwünsche auf Glückwunschkarten. Überall, wo die beiden Tiere hineinschauten, richteten Männer und Frauen Päckchen, schrieben Adressen, liefen ans Telefon, eilten blitzschnell von einem Zimmer ins andere, Schnüre, Bänder, Kärtchen, Gehänge tragend, während junge Dienstboten, mit von Müdigkeit gezeichneten Gesichtern, weitere Päckchen, weitere Schachteln, weitere Blumen und neue Stöße von Briefen, Rollen, Kärtchen und Bogen herbeischleppten. Und alles war Hast, Aufregung, Verwirrung, Mühe und eine schreckliche Anstrengung.

Überall, wo sie hinkamen, zeigte sich ihnen dasselbe Schauspiel. Kommen und Gehen, Kaufen oder Verpacken, Absenden oder Empfangen, Einwickeln, Auswickeln, Rufen und Antworten. Und alle blickten immer nach der Uhr, alle hasteten, alle keuchten von Furcht besessen, nicht zur Zeit fertig zu werden, jemand brach zusammen, schnappte nach Luft unter der immer größer werdenden Flut der Pakete, Päckchen, Kärtchen, Kalender, Geschenke, Telegramme, Briefe, Karten, Billette usw.

»Du hast mir doch gesagt«, bemerkte der Ochse, »dass es ein Fest der Heiterkeit, des Friedens und der Seelenruhe sei.«

»Tja«, antwortete das Eselchen, »einmal war es auch so. Aber was soll ich dir sagen, seit einigen Jahren scheinen die Menschen beim Nahen des Weihnachtsfestes wie von einer geheimnisvollen Tarantel gestochen und verstehen rein gar nichts mehr. Hör ihnen doch zu.«

Verwundert hörte der Ochse hin. In den Straßen, den Geschäften, den Büros, den Fabriken sprachen die Menschen schnell miteinander und wechselten wie Automaten monotone Redensarten: »Fröhliche Weihnachten.« – »Gesegnete Weihnachten.« – »Danke, auch Ihnen.« –

»Fröhliche Weihnachten.« – »Gesegnete Weihnachten.« – »Danke.« – »Fröhliche Weihnachten.« – »Fröhliche Weihnachten.« ... Es war ein Geflüster, das die ganze Stadt füllte.

»Glauben sie denn daran?« fragte der Ochse – »meinen sie es wirklich so? Lieben sie ihren Nächsten?«

Das Eselchen schwieg.

»Wollen wir nicht etwas abseits gehen?«, schlug der Ochse vor. »Der Kopf brummt mir, und ich habe Sehnsucht nach dem, was du Weihnachtsstimmung nennst.«

»Im Grunde auch ich«, gab das Eselchen zu.

So schlüpften sie durch die wirbelnden Schleusen der Wagen, entfernten sich ein wenig vom Zentrum, von den Lichtern, dem Lärm, der Raserei.

»Du, der mehr davon verstehst als ich«, begann der Ochse, immer noch wenig überzeugt, »sag mir doch, bist du wirklich sicher, dass das dort keine Verrückten sind?«

»Nein, nein, es ist eben einfach Weihnachten.«

»Dann ist dort zu viel Weihnachten. Erinnerst du dich noch damals in Betlehem an die Hütte, die Hirten und das schöne Kind? Auch dort war es kalt, aber welcher Frieden, welche Zufriedenheit. Wie anders war es damals.«

»Ja, und die fernen Klänge des Dudelsacks, die man nur ganz leise hörte.«

»Und das sanfte Flügelschlagen auf dem Dach. Was für Vögel das wohl waren?«

»Vögel? Aber nein, Engel waren es.«

»Und die drei reichen Herren, die Geschenke brachten, entsinnst du dich noch ihrer? Wie wohlerzogen sie waren, wie leise sie zusammen sprachen, welch vornehme Leute. Könntest du dir sie heute in diesem Rummel vorstellen?«

»Und der Stern? Denkst du noch an den hellen Stern, der damals gerade über der Hütte stand? Ob es ihn wohl heute noch gibt, Sterne haben doch meist ein langes Leben.«

»Ich fürchte nein«, sagte der Ochse skeptisch, »es sieht so wenig nach Sternen hier aus.«

Sie hoben ihre Köpfe, und wirklich, man sah nichts. Über der Stadt lag eine Decke dichten Nebels.

16. Peter Bichsel: Ein Tisch ist ein Tisch

Bichsels berühmte Geschichte von Isolation und Missverstehen wird immer aktueller je älter wir alle werden. Und eine wirkliche Lösung weiß noch niemand. Was müssten wir ändern, damit wir einander verstehen?
An Weihnachten hat uns Gott gezeigt, dass ihm daran liegt, dass wir ihn verstehen!

Vorlesedauer: ca. 8 Minuten
Hinweis auf die Bibel: Johannes 12,37–43; Jesaja 6,9–10
Hierzu passt: Text 25
Altersgruppe: ab der Grundschule

TIPP: *Es bietet sich an, Bichsels Idee einmal ganz praktisch auszuprobieren. Entwerfen Sie selbst ein neues Wörterbuch – vielleicht mit Wörtern aus dem Umfeld von Weihnachten – und schreiben Sie die Weihnachtsgeschichte neu. Ein derart verfremdeter Text kann dann beispielsweise helfen, darüber zu reden, was uns an Weihnachten wirklich wichtig ist!*

Ein Tisch ist ein Tisch

Ich will von einem alten Mann erzählen, von einem Mann, der kein Wort mehr sagt, ein müdes Gesicht hat, zu müd zum Lächeln und zu müd, um böse zu sein. Er wohnt in einer kleinen Stadt, am Ende der Straße oder nahe der Kreuzung. Es lohnt sich fast nicht, ihn zu beschreiben, kaum etwas unterscheidet ihn von andern. Er trägt einen grauen Hut, graue Hosen, einen grauen Rock und im Winter den langen grauen Mantel, und er hat einen dünnen Hals, dessen Haut trocken und runzelig ist, die weißen Hemdkragen sind ihm viel zu weit.

Im obersten Stock des Hauses hat er sein Zimmer, vielleicht war er verheiratet und hatte Kinder, vielleicht wohnte er früher in einer andern Stadt. Bestimmt war er einmal ein Kind, aber das war zu einer Zeit, wo die Kinder wie Erwachsene angezogen waren. Man sieht sie so im Fotoalbum der Großmutter. In seinem Zimmer sind zwei Stühle, ein Tisch, ein Teppich, ein Bett und ein Schrank. Auf einem kleinen Tisch steht ein Wecker, daneben liegen alte Zeitungen und das Fotoalbum, an der Wand hängen ein Spiegel und ein Bild.

Der alte Mann machte morgens einen Spaziergang und nachmittags einen Spaziergang, sprach ein paar Worte mit seinem Nachbarn, und abends saß er an seinem Tisch.

Das änderte sich nie, auch sonntags war das so. Und wenn der Mann am Tisch saß, hörte er den Wecker ticken, immer den Wecker ticken.

Dann gab es einmal einen besonderen Tag, einen Tag mit Sonne, nicht zu heiß, nicht zu kalt, mit Vogelgezwitscher, mit freundlichen Leuten, mit Kindern, die spielten – und das Besondere war, daß das alles dem Mann plötzlich gefiel. Er lächelte.

»Jetzt wird sich alles ändern«, dachte er.

Er öffnete den obersten Hemdknopf, nahm den Hut in die Hand, beschleunigte seinen Gang, wippte sogar beim Gehen in den Knien und freute sich. Er kam in seine Straße, nickte den Kindern zu, ging vor sein Haus, stieg die Treppe hoch, nahm die Schlüssel aus der Tasche und schloß sein Zimmer auf.

Aber im Zimmer war alles gleich, ein Tisch, zwei Stühle, ein Bett. Und wie er sich hinsetzte, hörte er wieder das Ticken, und alle Freude war vorbei denn nichts hatte sich geändert.

Und den Mann überkam eine große Wut.

Er sah im Spiegel sein Gesicht rot anlaufen, sah, wie er die Augen zukniff; dann verkrampfte er seine Hände zu Fäusten, hob sie und schlug mit ihnen auf die Tischplatte, erst nur einen Schlag, dann noch einen, und dann begann er auf den Tisch zu trommeln und schrie dazu immer wieder:

»Es muß sich ändern, es muß sich ändern!«

Und er hörte den Wecker nicht mehr. Dann begannen seine Hände zu schmerzen, seine Stimme versagte, dann hörte er den Wecker wieder, und nichts änderte sich.

»Immer derselbe Tisch«, sagte der Mann, »dieselben Stühle, das Bett, das Bild. Und dem Tisch sage ich Tisch, dem Bild sage ich Bild, das Bett heißt Bett, und den Stuhl nennt man Stuhl. Warum denn eigentlich?« Die Franzosen sagen dem Bett »li«, dem Tisch »tabl«, nennen das Bild »tablo« und den Stuhl »schäs«, und sie verstehen sich. Und die Chinesen verstehen sich auch.

»Weshalb heißt das Bett nicht Bild«, dachte der Mann und lächelte, dann lachte er, lachte, bis die Nachbarn an die Wand klopften und »Ruhe« riefen.

»Jetzt ändert es sich«, rief er und sagte von nun an dem Bett »Bild«.

»Ich bin müde, ich will ins Bild«, sagte er, und morgens blieb er oft lange im Bild liegen und überlegte, wie er nun dem Stuhl sagen wolle, und er nannte den Stuhl »Wecker«.

Er stand also auf, zog sich an, setzte sich auf den Wecker und stützte die Arme auf den Tisch. Aber der Tisch hieß jetzt nicht mehr Tisch, er hieß jetzt Teppich.

Am Morgen verließ also der Mann das Bild, zog sich an, setzte sich an den Teppich auf den Wecker und überlegte, wem er wie sagen könnte.

Dem Bett sagte er Bild.
Dem Tisch sagte er Teppich.
Dem Stuhl sagte er Wecker.
Der Zeitung sagte er Bett.
Dem Spiegel sagte er Stuhl.
Dem Wecker sagte er Fotoalbum.
Dem Schrank sagte er Zeitung.
Dem Teppich sagte er Schrank.
Dem Bild sagte er Tisch.
Und dem Fotoalbum sagte er Spiegel.

Also:

Am Morgen blieb der alte Mann lange im Bild liegen, um neun läutete das Fotoalbum, der Mann stand auf und stellte sich auf den Schrank, damit er nicht an den Füßen fror, dann nahm er seine Kleider aus der Zeitung, zog sich an, schaute in den Stuhl an der Wand, setzte sich dann auf den Wecker an den Teppich und blätterte den Spiegel durch, bis er den Tisch seiner Mutter fand.

Der Mann fand das lustig, und er übte den ganzen Tag und prägte sich die neuen Wörter ein. Jetzt wurde alles umbenannt: Er war jetzt kein Mann mehr, sondern ein Fuß, und der Fuß war ein Morgen und der Morgen ein Mann. Jetzt könnt ihr die Geschichte selbst schreiben. Und dann könnt ihr, so wie es der Mann machte, auch die anderen Wörter austauschen:

läuten heißt stellen,
frieren heißt schauen,
liegen heißt läuten,
stehen heißt frieren,
stellen heißt blättern.

So daß es dann heißt:

Am Mann blieb der alte Fuß lange im Bild läuten, um neun stellte das Fotoalbum, der Fuß fror auf und blätterte sich auf den Schrank, damit er nicht an die Morgen schaute.

Der alte Mann kaufte sich blaue Schulhefte und schrieb sie mit den neuen Wörtern voll, und er hatte viel zu tun damit, und man sah ihn nur noch selten auf der Straße.

Dann lernte er für alle Dinge die neuen Bezeichnungen und vergaß dabei mehr und mehr die richtigen. Er hatte jetzt eine neue Sprache, die ihm ganz alleine gehörte.

Hie und da träumte er schon in der neuen Sprache, und dann übersetzte er die Lieder aus seiner Schulzeit in seine Sprache, und er sang sie leise vor sich hin.

Aber bald fiel ihm auch das Übersetzen schwer, er hatte seine alte Sprache fast vergessen, und er mußte die richtigen Wörter in seinen blauen Heften suchen. Und es machte ihm Angst, mit den Leuten zu sprechen. Er mußte lange nachdenken, wie die Leute zu den Dingen sagen.

Seinem Bild sagen die Leute Bett.
Seinem Teppich sagen die Leute Tisch.
Seinem Wecker sagen die Leute Stuhl.
Seinem Bett sagen die Leute Zeitung.
Seinem Stuhl sagen die Leute Spiegel.
Seinem Fotoalbum sagen die Leute Wecker.
Seiner Zeitung sagen die Leute Schrank.
Seinem Schrank sagen die Leute Teppich.
Seinem Tisch sagen die Leute Bild.
Seinem Spiegel sagen die Leute Fotoalbum.

Und es kam so weit, daß der Mann lachen mußte, wenn er die Leute reden hörte.

Er mußte lachen, wenn er hörte, wie jemand sagte:

»Gehen Sie morgen auch zum Fußballspiel?« Oder wenn jemand sagte: »Jetzt regnet es schon zwei Monate lang.« Oder wenn jemand sagte: »Ich habe einen Onkel in Amerika.« Er mußte lachen, weil er all das nicht verstand.

Aber eine lustige Geschichte ist das nicht. Sie hat traurig angefangen und hört traurig auf. Der alte Mann im grauen Mantel konnte die Leute nicht mehr verstehen, das war nicht so schlimm.

Viel schlimmer war, sie konnten ihn nicht mehr verstehen.

Und deshalb sagte er nichts mehr.

Er schwieg,
sprach nur noch mit sich selbst,
grüßte nicht einmal mehr.

17. Clara Asscher-Pinkhof: Schwerer Gang

Eine Sternengeschichte ganz eigener Art. Einmal war es in Deutschland gefährlich, mit einem Stern unterwegs zu sein. Überleben konnte vielleicht, wer lügen konnte. Doch welcher Zukunft geht das Mädchen entgegen, das glaubt, zum Kasperle zu gehen, aber seine Eltern – wohl auf immer – verlassen muss?
Eine Geschichte von Elternliebe, von Opfersinn, von einem Irrtum, der für das Mädchen – vielleicht – das Überleben bedeutet.
Eine Geschichte vom Entkommen, die gar nicht so wenig mit Weihnachten zu tun hat, wie es auf den ersten Blick scheint – auch, wenn die Geschichte vom Kindermord in Betlehem (Matthäus 2,16) und der heimlichen Flucht der Heiligen Familie nach Ägypten eher Legende als historischer Bericht ist. Aber jeweils geht es um eine Rettung, um einen Aufbruch ins Unbekannte – und um Menschen, denen das Leben ihrer Mitmenschen gleichgültig geworden ist, wenn es nur ihrem eigenen Vorteil dient. Ein Irrweg, den nur zu viele auch heute noch beschreiten!

Vorlesedauer: ca. 5 Minuten
Hinweis auf die Bibel: Matthäus 2,16–18
Hierzu passt: Text 23
Altersgruppe: ab der weiterführenden Schule

Schwerer Gang

Die junge Mutter wartet, bis es dämmert. So ist es besprochen, denn bei Tageslicht darf man so etwas nicht tun.

»Wir gehen zum Kasperletheater«, jauchzt das helle Stimmchen neben ihr immer wieder.

Wie kommt das Kind nur darauf? Sie hat es ihm nicht gesagt, sie hat nicht lügen wollen.

»Ja«, murmelt sie. »Nun Vater auf Wiedersehen sagen und ein Küsschen geben, weil wir ausgehen.«

Als das Kind auf den Zehenspitzen vor dem Vater steht und die Lippen spitzt, blickt der Mann hilflos zu der jungen Frau hinüber, die ihm tapfer zunickt. Ihr Lächeln bedeutet: Nicht Abschied nehmen! Haben wir uns nicht versprochen, dass sie wie zu einem Fest von uns gehen soll?

»Auf Wiedersehen, Schätzchen! Viel Vergnügen.«

»Wir gehen zum Kasperletheater!« ist das letzte Wort, das er von der kleinen Tochter hört.

Unterwegs in den düsteren Gassen plappert das Kind ohne Unterlass.

»Warum ist es so dunkel auf der Straße?«

»Weil der Mond noch schläft.«

»Aber im Kasperletheater ist es hell, nicht?«

»O ja.«

Während sie antwortet, jagen ihr die Gedanken durch den Kopf ... Sie ist blond und ein Mädchen. Sonst wäre es unmöglich ... Ich muss froh sein, dass sie blond und ein Mädchen ist. Ich muss froh sein, dass sie von mir wegkommt ...

»Und ich brauche noch lange nicht ins Bett, nicht wahr?«

»Noch lange, lange, lange nicht!«

»Weil ich so lieb gewesen bin, ja?«

»Weil du so lieb gewesen bist.«

Ihre Gedanken fragen: Bleibst du so lieb, auch wenn du unter Fremden bist, die ich nicht kennen lernen darf, weil es gefährlich ist?

Wirst du auch noch lieb sein, wenn ich dich zurückbekomme? Oder sehe ich dich niemals wieder?

»Ist das Kasperletheater weit?«

»Ich weiß nicht. Ich bringe dich zu einer Tante, und die geht mit dir hin.«

»Ist es weit bis zu der Tante?«

»Nein, wir sind gleich da.«

»Warum gehst du nicht mit mir zum Kasperletheater?«

»Ich habe keine Zeit.«

»Aber ein andermal?«

»Ja, ein andermal.«

Sie denkt: Lügner ... Lügner sind wir!

Der Koffer wird immer schwerer in der einen Hand, die andere umkrampft die Kinderfinger.

Dann erreichen sie das Haus, wo die Übergabe stattfinden soll. Während sie mit dem Kind die Treppen hinaufsteigt, will sie an das Kasperletheater denken. Die Kleine hat ihr den Gedanken an ein festliches Ereignis wie einen hellen Ball zugespielt, nun muss sie ihn auffangen.

Oben auf der Treppe kann sie wirklich mitlachen.

Das junge Mädchen, das schon viele Sternkinder vermittelt hat und das ernst und von ihrer gefährlichen Aufgabe erfüllt auf sie wartet, muss sich einen Augenblick an die Mutter gewöhnen, die lächelnd ein Kind weggibt, vielleicht für das ganze Leben. Dann aber spielt es mit, geht auf den Kasperle-Einfall ein und nimmt sich vor, ihn wahr zu machen, sobald die Kleine in dem neuen Hafen angekommen ist.

»Gehst du jetzt mit mir?«, fragt das Kind ungeduldig, weil es das fröhliche Abenteuer nicht erwarten kann.

»Ja«, antwortet das Mädchen. »Aber erst musst du deiner Mutter auf Wiedersehen sagen.«

Das Mädchen ist gewohnt, dass nun ein Anklammern und Losreißen beginnt. Oft bricht ihr dabei selber fast das Herz.

17. Clara Asscher-Pinkhof: Schwerer Gang

Das Kind gibt der Mutter einen flüchtigen Kuss.

»Wiedersehen! Brauche ich noch lange nicht ins Bett?«

»Nein«, sagt die Mutter und findet an dem Kasperle-Spiel keinen Halt mehr. »Auf Wiedersehen, mein Herz, viel Vergnügen!«

Das Kind blickt sie aufmerksam an.

»Bist du traurig, dass du nicht mitdarfst?«

Die Mutter nickt nur, blickt ohnmächtig auf das junge Mädchen und denkt mühsam, dass sie jetzt gehen muss und die Qual nicht verlängern darf.

Da sagt das Kind, indem es die Mutter noch einmal küsst und jedes Wort betont:

»Wenn du nicht weinst, darfst du nächstes Mal mit, ja?«

18. Hanns Dieter Hüsch: Feiertage

Weihnachten ist für viele Familien eine Katastrophe. Die übergroße Erwartungshaltung, die Hoffnung auf harmonisches Beisammensein und Miteinander, das im ganzen Jahr sonst niemand wirklich geübt und gepflegt hat, zerbricht in Streitereien und Beschimpfungen. Hüschs Gedicht beschreibt so einen ganz normalen Weihnachtsabend.

Vorlesedauer: ca. 2 Minuten
Hierzu passen: Texte 10, 12 und 13
Altersgruppe: ab der weiterführenden Schule

TIPP: *Der Text von Hanns Dieter Hüsch kann durch Fotos illustriert werden.*

Feiertage

Mutter ist nervös
Vater ist nervös
Kind ist nervös
Oma ist nervös

Oma ist gekommen
Um Mutter zu helfen
Vater hat gesagt
Sei nicht nötig gewesen

Kind steht im Weg
Mutter steht im Weg
Oma steht im Weg
Vater steht im Weg

Alle ham geschafft
Mit allerletzter Kraft

Vater hat gebadet
Mutter hat gebadet
Kind hat gebadet
Oma hat gebadet

Alle ham gepackt
Und alle sind gerannt
Und schließlich hat
Der Baum gebrannt

Mutter ist gerührt
Vater ist gerührt

Kind ist gerührt
Oma ist gerührt

Und dann werden
Die Pakete aufgeschnürt

Mutter ist gekränkt
Vater ist gekränkt
Kind ist gekränkt
Oma ist gekränkt

Denn jeder hat dem anderen
Was Falsches geschenkt

Schwiegertochter kommt
Patentante kommt
Lieblingsbruder kommt
Großneffe kommt

Kuchen ist zu süß
Plätzchen sind zu süß
Marzipan zu süß
Und der Baum ist mies

Mutter ist beleidigt
Vater ist beleidigt
Kind ist beleidigt
Oma ist beleidigt

Frieden auf Erden
Und den Menschen ein Unbehagen

18. Hanns Dieter Hüsch: Feiertage

Vater hats am Magen
Mutter hats am Magen
Oma hats am Magen

Kann nichts mehr vertragen
Nach all diesen Tagen

Mutter ist allein
Vater ist allein
Kind ist allein
Oma ist allein
Alle sind allein

Doch an Ostern
Wolln alle
In jedem Falle
Wieder zusammen sein.

4. VERFÜHRT WERDEN

Christstern und Tannenbaum, Krippe und Lichterkette, Strohsterne und Schokolade (und noch manches mehr, z.B. Weihnachtsgebäck [vgl. Text 2]*), gehören zu Weihnachten ganz unbedingt dazu! Oder? Für die allermeisten Menschen ist das Fest ohne solche Zutaten undenkbar.*

So undenkbar, dass in den letzten Jahren mancherorts die Weihnachtsbeleuchtung nicht nur schon im November hervorgeholt, der Weihnachtsbaum zum Adventsbaum wird, sondern sogar ein richtiger Wettbewerb um das am hellsten dekorierte Haus, das weihnachtlichste Fenster geführt wird.

Dass so etwas nicht unbedingt die Mitte des Weihnachtsfestes trifft und den Advent als Vorbereitungszeit auf Weihnachten entwertet, liegt auf der Hand. Allerdings hat die »Weihnachtszeit« ja durchaus etwas Verführerisches – Werbe- und Marketingstrategen haben das schon längst erkannt und spielen die Klaviatur der Verführung gekonnt. Jedoch hat unser Weihnachtsfest eine unschöne Schattenseite. Und es gehört zur ehrlichen Feier des Mensch gewordenen Gottes, die nicht zu übersehen: Menschen, denen die Mittel zum Feiern fehlen, denen der Grund zum Feiern längst abhanden gekommen ist. Menschen, die unter unserem Feiern zu leiden haben (nicht umsonst stand im Mittelpunkt der Misereor-Kinderfastenaktion des Jahres 2003 eine ganz gewöhnliche Tafel Schokolade!). Menschen, die wir bei unserem Feiern nicht dabei haben wollen.

TIPP: *Manche Gemeinden versuchen, ADVENTSFENSTER zu gestalten: An jedem Tag im Advent bereitet eine andere Familie ein Fensterbild vor. So entsteht ein Adventskalender, in den viele Gemeindemitglieder miteinbezogen sind. Abend für Abend könnten die Adventsfenster zu einem Treffpunkt werden, der schließlich am Heiligen Abend alle zur Kirche führt. Vielleicht lässt sich damit das vorweihnachtliche Dekorieren sinnvoll aufgreifen, zumal, wenn die ganze Aktion unter einem Thema/ Leitgedanken steht?*

19. Markus Tomberg: Ein Irrtum

Die lange, erfolglose Suche hat die Sternsucher streitlustig gemacht. Vielleicht sind sie auch missmutig geworden. Keiner will gern mit ihnen zu tun haben. Die königlichen Sterndeuter in Jerusalem jedenfalls tun alles, um die Quälgeister loszuwerden.

Vorlesedauer: ca. 2 Minuten
Hierzu passen: Texte 14 und 25
Altersgruppe: ab dem Kindergarten

Ein Irrtum

Am Morgen, als das Stadttor geöffnet wurde, gingen die Sternsucher müde, niedergeschlagen und schmutzig von der Reise in die Stadt hinein. Es war eine Königsstadt, und vieles erinnerte sie an ihre eigene Heimatstadt. Ein wenig fühlten sie sich wie daheim.

Wären wir doch gar nicht losgegangen, sagte einer.
Aber du warst doch unbedingt dafür, sagte ein anderer.
Ich? Du wolltest doch den Stern suchen.
Ich bin nur mitgegangen, antwortete der eine.
Ich habe keine Schuld, sagte der andere.
Und schon wieder stritten sie.

Bis ihnen einfiel, dass auch der König dieser Stadt Sterngucker angestellt haben könnte. Und vielleicht hatten die ja ihren Stern gesehen? So würden sie wissen, ob sie weitersuchen sollten. Und sie beschlossen, im Königspalast nachzufragen.

Als er hörte, dass Sternsucher von weit her gekommen waren, ließ der König der Stadt seine eigenen Sterngucker kommen. Die Sternsucher und die Sterngucker des Königs unterhielten sich lange über die Sterne. Schließlich fragten die Sternsucher, ob die königlichen Sterngucker den neuen Stern gesehen hätten.

Die Sterngucker sahen sich lange an. Sie schwiegen. Die merkwürdigen, reiseschmutzigen Sternsucher langweilten sie. Schließlich gaben sie eine Antwort.

Geht noch ein Stück, sagten sie.
Geht in einen kleinen Ort.
Dort findet ihr den Stern.

Kommt doch mit, sagten die Sternsucher.
Ihr habt uns sehr geholfen.
Lasst uns gemeinsam gehen.

Wir kommen nach, sagten die Sterngucker des Königs.
Ihr seid schon so weit gegangen.
Ihr sollt die ersten sein.

Aber sie hatten gar keine Lust mitzugehen. Denn sie glaubten, die Sternsucher seien verrückt. Und sie taten alles, um sie loszuwerden.

Die Sternsucher hatten es jetzt sehr eilig, die Stadt wieder zu verlassen. Sie brachen auf wie damals, als sie von daheim losgegangen waren. Und sie hörten nicht mehr, dass die Sterngucker des Königs hinter ihnen her lachten.

19. Markus Tomberg: Ein Irrtum

20. Ingo Barz: Brasilianisches Krippenlied

Ein Text, der das Weihnachtsgeschehen in einer Wellblechstadt, einem südamerikanischen oder asiatischen Slum ansiedelt – und dabei geschickt das Inventar unserer Weihnachtsidylle verfremdet und aktualisiert.

Vorlesedauer: ca. 2 Minuten
Hinweis auf die Bibel: z.B. Amos 5,7.10–15 und ähnliche prophetische Texte
Altersgruppe: ab der weiterführenden Schule

TIPP: *Der Text lässt sich in einer Gruppenstunde oder in der Schule gut als Collage gestalten – vielleicht als Teil eines »anderen Adventskalenders« im Gemeindeschaukasten oder in der Schule.*

Brasilianisches Krippenlied

Ward ein Kind geboren
mitten in der Nacht
zwischen Stroh und Lumpen
auf die Welt gebracht

Ward ein Kind geboren
keiner jubelt froh
und die Engelchöre
singen anderswo

Ward ein Kind geboren
lang vorm Morgengraun
kommen keine Hirten
es sich anzuschaun

Ward ein Kind geboren
in der Dunkelheit
Könige und Weise
haben keine Zeit

Niemand kommt zu sehen
nur ein Stern scheint matt
auf die schiefen Hütten
in der Wellblechstadt

20. Ingo Barz: Brasilianisches Krippenlied

21. Friedrich Hoffmann: Das Jesuskind von Ostrowice

Die Kriegserfahrungen, die ganze Generationen prägten, sterben unter uns langsam aus. Weihnachtsgeschichten der Kriegsgeneration kommen außer Mode. Modisch wird es dagegen in der westlichen Welt wieder, den Krieg als Fortsetzung der Politik mit anderen Mitteln zu betrachten. Übrigens ein verführerischer Gedanke: die Segnungen westlicher Demokratie und Zivilisation allen, die ihrer noch nicht teilhaftig geworden sind, notfalls mit Gewalt zukommen zu lassen. Ein Gedanke mit einer gefährlichen Dynamik. Vielleicht tut uns ein Blick in die Weihnachtsgeschichten der Kriegsgenerationen da noch einmal sehr gut. Denn schon im Ersten Weltkrieg sollte »am deutschen Wesen die Welt genesen«.

Vorlesedauer: ca. 4 Minuten

Altersgruppe: ältere Jugendliche und Erwachsene

Das Jesuskind von Ostrowice

Ich bin ein Deutscher, der dir das erzählt, musst du wissen. Trink noch einen. Und der es erschossen hat, vor unseren Augen hochgehoben und erschossen, das war ein Deutscher. Aber der geschrien hat und es retten wollte und selber umkam, das war auch ein Deutscher, das musst du mir glauben. Und das Kind war ein Judenkind. Na, trink schon. Es war in Polen. Wir waren eingesetzt als Säuberungskommando. Nur zum Zusammentreiben. Das Erledigen machten andere. Es gab da Sammeldörfer mit Juden. Komm, trink doch. Das ist noch angenehmer als Zigeuner. Juden schreien nicht so. Die sterben ruhiger. Die glauben an was. »Ist doch auch ein Vorteil«, sagte der Alte immer. Sie wurden in Lastwagen verladen, getrennt, Männer, Frauen, Kinder. Mitzunehmen brauchten sie ja nichts.

Wir hatten einen dabei, der war dagegen. Häschen nannten wir den. Er sagte nichts, aber er war dagegen. Man merkt ja sowieso, was einer denkt. Pech, dass er in unserer Einheit war. Und der Alte verstand keinen Spaß. Ich war ja auch dabei und wusste nicht, was ich von dem Ganzen halten sollte. Bis zu dem Tag. Es muss Advent gewesen sie. Im Januar darauf kam ich dann weg. Damals hab ich nicht daran gedacht, dass Advent war.

Wir hatten ein Dorf verladen. Das ganze Dorf leer: alles auf die Lastwagen, die im großen Viereck standen. Viel Jammern war gar nicht zu hören. Ich sehe das noch: die weißen Lehmmauern, die Strohdächer, die breiten, zerfahrenen Straßen. Schnee lag auch, aber nicht viel. Der Spieß machte mit zwei Mann die Runde durch die Hütten. Da krabbelt ihm aus dem Ofenstroh ein Kind entgegen. Vergessen oder versteckt, was weiß ich, so ein oder zwei Jahre alt. Er birngt's raus, und der Alte, der schon ungeduldig war zur Abfahrt, macht ihm ein Zeichen, dass er's hinters Haus bringen soll. Da stürzt Häschen vor und schreit: »Nein! Nein!« und reißt ihm das Kind aus der Hand. »Das ist doch das Jesuskind!«, schreit er. Das Jesuskind! Verrückt, wie? Und wir lachen noch. Aber nicht alle, das musst du mir glauben. Und er läuft davon, wie irre,

21. Friedrich Hoffmann: Das Jesuskund von Ostrowice

ringsum war ja abgesperrt, und drückt das Kind an die Brust und knöpft es sich in den Mantel ein, alles im Laufen. Na, weißt schon, Frontkoller. Und die von den Wagen und wir gucken zu. Es verliert ja manchmal einer die Nerven. Aber den hat es gepackt. Schließlich stürzte er sich an die nächstbeste Hauswand. Er zitterte und hielt das Kind im Mantel fest und schrie immer, ohne hinzusehen: »Das ist doch das Jesuskind! Das ist doch das Jesuskind!« Ich sag dir, sie mussten ihn umlegen, er gab das Kind nicht her. Saß da wie eine Madonna. Ostrowice hieß das Dorf. Mit stieren Augen an der weißen Hauswand, wie eine Madonna, sag ich dir. Mir hat's noch niemand geglaubt, dem ich's erzählt habe. So klein war's, wie er's hochhob. Ich kann kein Weihnachtsbild mehr ansehen seit der Zeit.

Und die sagen, er ist auch für uns Deutsche gestorben. Der Richtige, mein ich, den sie an den ausgerenkten Armen aufgenagelt haben. Na, komm. »Das Jesuskind«, hat er immer geschrien, »das Jesuskind.« Na, komm, trink noch einen.

TIPP: *Vielleicht kennen Sie auch die (nicht ganz leicht zugängliche) Geschichte von Wolfgang Borchert aus der allerersten Nachkriegszeit: »Die drei dunklen Könige« heißt sie und passt thematisch gut hierher. Sie finden den Text in vielen Sammlungen von Texten von Wolfgang Borchert.*

22. Wilhelm Bruners: Heruntergekommen

Martin Luther sagte einmal: »Woran du dein Herz hängst, das ist dein Gott.« Kaum jemand kommt wirklich ohne Gott aus – auch wenn diese Götter selten so genannt werden. Oft heißen sie: Karriere, Geld, Wohlstand, Arbeit ... Den wahren Gott erkennt man dagegen daran, dass er nicht in schönen Kleidern und mit gefüllter Geldbörse daherkommt, sondern – heruntergekommen ist.

Vorlesedauer: ca. 2 Minuten
Hinweis auf die Bibel: Philipper 2,5–11
Altersgruppe: ältere Jugendliche und Erwachsene

Heruntergekommen

du bist
auch nicht mehr
der alte gott
früher
            haben sie
            erzählt
warst du
umgeben von
himmlischer
herrlichkeit
von dreimal
heiligderheere
von den kniefällen
der reinen
heute
            höre ich
            sagen
bist du
herausgepresst
aus dem blutigen
mund
liegst bei vieh
und unreinen
bewacht von
zwielichtigem
volk
an wen
sollen wir
uns halten
wenn du
haltlos

geworden und
unten
in welche
richtung
gehen unsere
verbeugungen
wenn dein
thron leer
und der
weihrauch
verdampft
an den
stallgeruch
gewöhnen wir
uns schlecht
und einen
ins fleisch
gefahrenen gott
legen sie
aufs kreuz
meine entdeckung
ich muss mich
vor dir
nicht mehr
klein machen
heruntergekommener
gott

22. Wilhelm Bruners: Heruntergekommen

23. Alexander Rajczányi: Weihnacht

»Man müsste dich bergen in die Wärme unserer Weihnacht.« Wie gut wäre es dem Kind im Stall gegangen, wenn es in einer unserer Krippen im warmen Wohnzimmer hätte liegen dürfen. Oder nicht? Bedroht unser Wohlstand das Kind ähnlich wie Herodes?

Vorlesedauer: ca. 2 Minuten

Hinweis auf die Bibel: Matthäus 2,13–18 (2,16)

Hierzu passt: Text 17

Altersgruppe: ältere Jugendliche und Erwachsene

Weihnacht

nur ein kind dort im stall
im romantischen trog
engelumschwirrt
hirtenumstanden
friedlich und freundlich
im licht seines heiligenscheins

im zugigen stall im steinharten
trog das kind gebettet
in die ohnmacht seiner eltern
engel und hirten fehlen
himmelweit weg das leben
der großstadt nebenan

im zugigen stall im steinharten
trog das kind bedroht
vom argwohn der macht
schergen kommen statt königen
die nacht ist die nacht
vor der flucht

du kind aus dem stall
du kind auf der flucht
du kind bedroht von der macht
und unserer gleichgültigkeit:
man müsste dich bergen
in die wärme unserer
weihnacht

23. Alexander Rajczányi: Weihnacht

24. Liudger Berresheim: Weihnacht in Waschenkeich

Wie schön das wäre: ein Fest wie früher. Wie im Märchen. Wie in jener Kinderzeit, in der alles so einfach schien. Doch wie oft verklärt der Blick der Erinnerung das Vergangene? Wie oft dient er nur dazu, unsere eigene Zeit schlecht zu reden, Gut und Böse auf das Heute und das Gestern zu verteilen? Doch andererseits: Geschichten wie die von der Weihnacht in Waschenkeich (die dort »Ankommen« heißt und das Fest viel besser beschreibt als unser Name) erzählen von der Sehnsucht aller Menschen nach Zuwendung und Geborgenheit, die für kein Geld der Welt zu kaufen ist – nur zu schenken.

Vorlesedauer: ca. 3 Minuten
Altersgruppe: ab dem Kindergarten

Weihnacht in Waschenkeich

Oma, Oma, erzähl' uns noch eine Geschichte«, tönte es aus den hellen Kinderkehlen, und die kleinen Augen schauten groß zur Oma, die sich behaglich in ihrem Schaukelstuhl wiegte.

»Nun«, sprach sie, »eine Geschichte erzähle ich euch noch, aber dann geht's marsch ins Bett. Es ist die Geschichte von einem Jungen in Waschenkeich, und da jedes Märchen mit ›*Es war einmal ...*‹ anfängt, beginnt meine Geschichte auch so:«

Es war einmal ein kleines Dorf, das lag hoch im Norden eines fernen Landes und hieß Waschenkeich. Dort rannten viele Menschen ganz geschäftig durch die Straßen, stürmten in die vielen Einkaufsläden am Marktplatz, drängelten sich durch die vollgestopften Gänge und hatten keine Zeit, anzukommen, obwohl zu jener Zeit die Jahreszeit »Ankommen« hieß. Ihre Tragetaschen quollen über voller Sachen, die sie meist in den Spielwarenabteilungen der Kaufhäuser oder den Schmuckläden, Parfümerien und wer weiß wo noch fanden. Die Erwachsenen taten ganz geheimnisvoll, und allzu oft hörten die Kinder »Ich hab' jetzt keine Zeit, komm später wieder. Das Fest soll doch schön werden.« Und nicht selten erklang auch der Satz: »Wenn du nicht brav bist, bekommst du nichts. Also spiel' schön, ich kann dich jetzt nicht brauchen.«

Gut sah das Dorf aus mit den vielen Lichtern, Bäumen und geschmückten Schaufenstern. Richtig anheimelnd klang die Musik auf den Plätzen des Dorfes, und es hätte gemütlich sein können, wenn nicht die vielen Leute mit gehetzten Gesichtern geschäftig durch das Dorf eilten und selbst die Kinder stressgeplagte Gesichter zeigten. Auch Saltara, ein kleiner Junge, eilte durch die Wege von Waschenkeich und wusste nicht, was er seiner Schwester zum bevorstehenden Fest geben sollte.

Denn so gebot es die Sitte in Waschenkeich, dass ein jeder jedem in seinem Kreise ein Geschenk reiche, damit Friede herrsche und sich Freude verbreite.

Auch Saltara wollte seiner Schwester ein Geschenk machen, doch nirgends fand er etwas Passendes. »Kauf' mich, ich bin die schönste

Barbie-Puppe« stand auf einem Schild, »Mit Douglas macht schenken mehr Spaß« auf einem anderen. Bei einem dritten Stand war ein Schild »Schenk dich selbst« befestigt, mit ein paar Zweigen und einer Kerze, sonst nichts; eine Ecke weiter hörte er »Commodore, ein Beitrag zum Festfrieden«. Ohne etwas mitgenommen zu haben, ging Saltara nach Hause, denn die Zeit war gekommen, im Kreise seiner Nächsten beisammen zu sein.

Die Bewohner von Waschenkeich überreichten ihre Geschenke und sangen Lieder und alle machten große Augen, über das, was sie erhielten. Saltara jedoch nahm seine Schwester an die Hand, zog sie ein wenig zur Seite, gab ihr seinen Lieblingsteddy und flüsterte ihr ins Ohr: »Ich hab dich doch lieb, auch wenn ich manchmal böse bin und dich ärgere.«

»Das ist das schönste Geschenk, was ich heute bekommen habe«, sagte sie und umarmte Saltara ganz fest.

Für einen Moment schloss die Oma ihre Augen, während die Kinder noch gebannt an ihren Lippen hingen. Leise lächelte Oma in sich hinein, schaukelte sanft mit dem Stuhl und wischte heimlich eine kleine Träne aus ihren Augen. Und sie erinnerte sich an die Zeit, von der ihre Großmutter einst erzählte, als die Menschen noch mit Freude schenkten, ohne zu hasten.

5. ÜBERRASCHT WERDEN

Das ist das Merkwürdigste an der Geschichte von den Sterndeutern, die losgingen, weil sie als Astrologen eine geheimnisvolle Botschaft zu verstehen glaubten, die umherirrten, weil sie den Stern aus den Augen verloren, die sich von den Hofgelehrten in Jerusalem abwimmeln, gleichsam in die Wüste schicken ließen: dass sie schließlich dort ankamen, wo sich – unbemerkt von der Weltöffentlichkeit – die Zeitenwende ereignete [vgl. Texte 1, 7 und 14].

Plötzlich erscheint ihnen ihr Stern in einem anderen Licht. Das astrologische Ereignis wird zum Symbol eines Ereignisses, das die Welt verändert. Das Kind im Stall wird zum Ziel der Reise der Sterndeuter, die sich so etwas gewiss nicht vorgestellt haben. Wer würde schon für ein Kind eine solche Reise unternehmen?

Überhaupt, das Reisen. Die Weihnachtsgeschichten von Matthäus und Lukas sind Reisegeschichten: nicht nur die Weisen aus dem Osten machen sich auf den Weg, sondern auch Maria und Josef. Betlehem ist nur Station.

Nur wer aufbricht, kann ankommen, kann sich überraschen lassen, ist offen für Neues. Und auch die, die in die Irre gehen (wie die Magier aus dem Osten), dürfen hoffen, dass Gott, der auf krummen Zeilen gerade schreiben kann (vgl. Jesaja 40,4 und 42,16; Lukas 3,5)*, auch ihren Stern zur Krippe führt.*

Betlehem ist nicht Ziel, sondern nur Aufenthalt. Bei der Krippe kann man nicht ankommen. Man kann verweilen, vielleicht. Sich von der Überraschung erholen, gefunden zu haben, wonach man niemals zu fragen wagte. Sich der Freundschaft Gottes erfreuen [vgl. Text 3]. *Doch dann geht es weiter.*

25. Markus Tomberg: Aufenthalt

Die Sterndeuter finden in dieser Geschichte ganz überraschend das Kind im Stall von Betlehem, und sie wissen zunächst auch noch nicht, dass sie am Ziel sind. Aber langsam lernen sie von dem Kind, was wichtig ist im Leben.

Vorlesedauer: ca. 2 Minuten
Hierzu passen: Texte 19 und 29
Altersgruppe: ab dem Kindergarten

Aufenthalt

Schließlich kamen sie an. Sie waren schmutzig. Sie waren müde.
Aber sie waren da.
Der kleine Ort hieß Betlehem. Es war kein schöner Ort.

Und noch weniger schön war der Stall. Ein schäbiger alter verlassener Stall draußen vor der Stadt. Dort wollten sie übernachten. Die Sternsucher sahen schon so zerlumpt aus, dass sie sich in keine Herberge mehr wagten.

Sie gingen hinein.

Doch der Stall war nicht leer. Der Stall war schon bewohnt. Ein Mann war darin und eine Frau. Und ein kleines Kind.

Kommt herein, sagte die Frau.
Ihr stört uns nicht.
Aber seid leise.
Jesus schläft.

Und die Sternsucher knieten sich leise, ganz leise neben das Kind. Es lag in einer Futterkrippe. Der Mann hatte Stroh hineingetan. Darauf lag das Kind.

Wie schön es ist, sagte der eine.
Wir ruhig es schläft.

Die Sternsucher hatten noch ein wenig Gepäck bei sich. Leise suchten sie und fanden eine warme Decke und etwas zu essen. Und sie gaben die Decke her für das Kind und teilten ihr Essen mit der Frau und dem Mann.

Dann wurde das Kind wach, und ihnen war, als würde es lächeln.

Wir haben einen Stern gesucht und ein Kind gefunden, sagten die Sternsucher.
Wir haben Jesus gefunden.

Und die Sternsucher waren nicht mehr verzweifelt und sie stritten nicht mehr und keiner lachte sie aus, als sie sich für Jesus an ihre alten Kinderspiele erinnerten und ihm Lieder vorsangen und ihn wiegten.
Sie waren fast so glücklich wie die Frau und der Mann in dem Stall.

Den Sternsuchern war, als hätten sie etwas viel Besseres gefunden als ihren Stern.

26. Andreas Wronka: Das Märchen von einem Geist, der nicht mehr alleine sein wollte

Geliebt werden wollen um seiner selbst willen. Wer wollte das nicht? Der Geist in Andreas Wronkas Geschichte möchte geliebt werden: als Person, als Gegenüber, als Freund. Nicht als Zauberer. Nicht als Gespenst. Und um sich und den Menschen eine Chance zu geben, wird er selbst – zum Menschen.
Eine Geschichte, die das Thema des Freund-sein-Wollens variiert und um eine wichtige Nuance bereichert. Ehrliches Miteinander von Gott und Mensch entsteht nicht durch Unterwerfung und übermäßige Ehrfurcht, sondern durch Menschlichkeit: die Menschlichkeit der Menschen und die Menschlichkeit Gottes. So wahrt Gott die Würde seiner Geschöpfe und zeigt ihnen zugleich, was es heißt, Bild des Schöpfers zu sein – auf eine durch und durch überraschende Weise!

Vorlesedauer: ca. 6 Minuten
Hinweis auf die Bibel: Genesis 1,26–31; 2,4b–25; Philipper 2,5–11
Hierzu passt: Text 3
Altersgruppe: ab der Grundschule

Das Märchen von einem Geist, der nicht mehr alleine sein wollte

Es war einmal zu einer Zeit, da lebten noch Geister in den Wäldern des Landes. Und gar nicht so weit weg von hier in den Bergen wohnte ein Geist, der sich einsam fühlte. Ihr müsst wissen, diese Geister konnten die Menschen nicht sehen – hin und wieder vermuteten sie, dass es welche gäbe, vor allem wenn es dunkel und stürmisch war. Aber die Geister konnten die Menschen beobachten, sehr genau schwebten sie in den Lüften um sie herum oder sie verwandelten sich in einen Baum oder einen anderen Gegenstand.

Der Geist, von dem ich erzähle, fühlte sich einsam, obwohl er doch so viel konnte: fliegen, zaubern und sich verwandeln. So schwebte er mit dem Wind durch die Länder und schaute den Menschen bei ihrem Treiben zu. Eines Tages, es war noch sehr früh, eben hatte der Hahn gekräht, da flog er über eine kleine Lichtung, auf der ein Häuschen stand, aus dessen Kamin gemütlich Rauch aufzog. »Na«, dachte er sich, »wer wohnt denn da so gemütlich? Das muss ich mir näher anschauen«. Und damit sauste er durch den Kamin in das Haus. Er landete in der Wohnküche. In der Mitte stand ein Holztisch mit zwei Stühlen, auf der einen Seite befanden sich Herd und Waschzuber und auf der anderen stand ein kleines Doppelbett. Am Tisch saßen ein Mann und eine Frau und tranken heißen Tee. Neugierig hörte der Geist ihrem Gespräch zu: »Ach«, sagte der Mann, »ich weiß gar nicht wie ich all die Arbeit im Wald schaffen soll. Mein Rücken ist schon ganz krumm und meine Hände zittern, wenn sie die schwere Axt halten müssen.« »Vielleicht müssen wir alles abgeben, weil wir die Pacht nicht mehr bezahlen können, und dann werden sie uns bestimmt in das Armenhaus stecken oder wir müssen auf der Straße betteln gehen.« Die beiden alten Leute waren nämlich Pächter im Wald des Fürsten. Sie durften dort wohnen, mussten aber das Brennholz für den Kamin des Fürsten schlagen. Viele Jahre lebten sie dort schon, die Arbeit war hart, aber beide fühlten sich wohl im Wald. Nur mit den Jahren wurden sie nicht jünger und kräftiger, sondern das Gegenteil. Immer schwerer fiel es dem Mann, die großen Bäume zu schlagen und zu hacken. Auch seine Frau war schon ganz gebeugt vom vielen Aufsammeln und Schichten der Holzscheite. Der Geist war ganz gerührt, weil soviel Hoffnungslosigkeit aus ihnen sprach. Den ganzen Tag über verfolgte er das harte Arbeiten des Paares. Mal stand er als Baum verwandelt neben dem Mann, der Äste klein hackte, dann war er ein Holunderstrauch und schaute zu, wie die Frau mühsam das Holz stapelte. In allem was die beiden taten lag so viel Mühe, dass er sich ganz elend fühlte, weil er nur dabeistand. Am Abendessen unterhielt sich das Paar über die vergangene schöne Zeit. Wie gerne hätte sich der Geist mitunterhalten und wie gerne hätte er dem Paar geholfen – er war stark und kräftig.

Er begann darüber nachzudenken, wie er dem Paar helfen kann. Aber wie sollte er das machen? Er war ein Geist, bestimmt würden sie sich erschrecken, wenn er sich zeigen würde. Und wie sollten sie ihm glauben, dass er ein guter Geist sei? Ach, es war zum Haare zerraufen – wenn er welche gehabt hätte. Und wenn er alles heimlich machen würde? Aber vielleicht würden die beiden Alten glauben, dass sie verrückt würden und Gespenster sähen – was ja in diesem Fall sogar wahr wäre. Er überlegte und grübelte und immer mehr reifte in ihm der Entschluss, dass er dem Paar helfen muss, nicht nur, weil sie ihm Leid taten, nein, weil er sich mit ihnen anfreunden, erzählen wollte. Aber wer spricht mit einem Geist? Sollte er unsichtbar in die Luft reden. Bestimmt würden sie sich erschrecken und vielleicht sogar vor Angst tot umfallen. »Streng dich an!«, spornte sich der Geist an, »du kannst doch alles – es muss doch eine Möglichkeit geben, ihnen ganz normal gegenüberzutreten.« Und er sauste gedankenversunken über die Baumwipfel in den Himmel, ritt auf den Wolken umher, schwirrte im Slalomkurs an einigen Sternen vorbei und wieder zurück.

Wieder in dem Haus angekommen hörte er die Frau zu ihrem Mann sagen: »Und wenn wir jemanden suchen, der uns hilft – der Wald und der Garten geben genug zu essen und den Stall nebenan richten wir her, ein Bett und Tisch passen gut hinein. Und es gibt doch viele junge Leute, die Arbeit suchen.«

Erst hatte der Geist gar nicht so genau zugehört, weil er noch so mit seinen Gedanken beschäftigt war – aber dann kam ihm plötzlich die zündende Idee, er wusste als was er sich verwandeln muss, um bei den Alten zu sein ...

... und richtig, am nächsten Morgen kam ein junger Mann fröhlich pfeifend an das Haus der Alten und fragte, ob sie etwas Arbeit für ihn hätten.

27. Bertolt Brecht: Maria

Nein, es gelingt Bertolt Brecht nicht – sollte er es denn vorgehabt haben –, die Weihnachtsgeschichte zu entzaubern. Natürlich finden sich Anklänge an das marxistisch-leninistische Diktum von der Religion als dem Opium des Volkes, das alles Leiden irgendwie erträglich machen soll. Aber sie dominieren diesen Text nicht.

Die Gestalt Jesu, der die Armen einlädt und in der Gemeinschaft mit ihm wirkliche Könige sein lässt, durchbricht die kommunistische Lehre. Brechts Weihnachtsgedicht ist durch und durch poetisch: ein Loblied auf Maria und ihren Sohn, der Gesang liebte.

Vorlesedauer: ca. 2 Minuten
Hinweis auf die Bibel: Lukas 1,46–55; 2,1–20
Altersgruppe: ältere Jugendliche und Erwachsene

Maria

Die Nacht ihrer ersten Geburt war
Kalt gewesen. In späteren Jahren aber
Vergaß sie gänzlich
Den Frost in den Kummerbalken und rauchenden Ofen
Und das Würgen der Nachgeburt gegen Morgen zu.
Aber vor allem vergaß sie die bittere Scham
Nicht allein zu sein
Die den Armen eigen ist.
Hauptsächlich deshalb
Ward es in späteren Jahren zum Fest, bei dem
Alles dabei war.
Das rohe Geschwätz der Hirten verstummte.
Später wurden aus ihnen Könige in der Geschichte.
Der Wind, der sehr kalt war
Wurde zum Engelsgesang.
Ja, von dem Loch im Dach, das den Frost einließ, blieb nur
Der Stern, der hineinsah.
Alles dies
Kam vom Gesicht ihres Sohnes, der leicht war
Gesang liebte
Arme zu sich lud
Und die Gewohnheit hatte, unter Königen zu leben
Und einen Stern über sich zu sehen zur Nachtzeit.

27. Bertolt Brecht: Maria

28. Kurt Wolff: Protokollnotiz

Christen feiern Weihnachten, weil sie zuerst schon Ostern gefeiert haben (vgl. Einleitung zu Kapitel 2). Weil sie für die Wahrheit, die Gerechtigkeit und die Freiheit eintreten und aus ihr leben. Deshalb feiern sie Weihnachten: Weil Jesus geboren und in die Welt gekommen ist, um die Wahrheit zu bezeugen.

Vorlesedauer: ca. 10 Minuten
Hinweis auf die Bibel: Johannes 18,1–19,16 (18,37–38)
Hierzu passt: Texte 6 und 33
Altersgruppe: ab der weiterführenden Schule

Protokollnotiz

Wäre Jesus nicht geboren worden,
dann hätte er später nicht drei Jahre lang
landauf, landab herumwandern können,
dann hätte er keine Reden gehalten
und nicht die Taten getan, die ihm alle Welt nachsagte.
Dann hätte das Volk ihm nicht zujubeln können,
dann hätten die jüdischen Behörden
ihn nicht in Streitgespräche verwickelt,
hätten ihn nicht bei Nacht und Nebel gefangen genommen
und hätten ihm keinen Prozess anhängen können,
bei dem er der Verlierer sein musste,
weil das Urteil schon vorher feststand.
Wäre Jesus nicht geboren worden,
ich hätte keine Gelegenheit bekommen,
Ihnen diese Geschichte zu erzählen,
weil ich dann nichts mit ihm zu tun gehabt hätte.
ich hätte ihn bei den Verhören nicht gesehen
und wäre gar nicht auf den Gedanken gekommen,
für mich selbst die Prozessniederschrift
noch einmal abzuschreiben,
heimlich, weil man nie wissen konnte,
wie sie noch einmal zu verwenden war.
Als Schreiber hat man schon ein Gespür dafür,
was einmal wichtig werden kann.
Sehen Sie, als Schreibsklave des Pilatus,
des römischen Prokurators für Palästina,
als Vorsteher des kaiserlichen Provinzskriptoriums,
hatte ich eine Menge Einblicke in Staatsgeschäfte
und Prozessangelegenheiten,
hatte Erlasse und Verordnungen zu formulieren
und hatte Unterlagen für Sitzungen und Beratungen

28. Kurt Wolff: Protokollnotiz

sowie Informationen über die Bevölkerung
und die jüdische Selbstverwaltung bereitzustellen.
Ich war zwar nicht frei, müssen Sie wissen,
weil mir dazu die nötigen Mittel fehlten.
Aber die Abhängigkeit von meinem Herrn Pilatus
wurde wettgemacht durch meine Schreibkenntnisse,
auf die er angewiesen war
und die mir einen großen Einfluss sicherten.
In dieser Stellung
führte ich im Gerichtssaal des Palastes
die Protokolle des nichtöffentlichen Verhörs.
Selbst die anklagenden Juden nahmen nicht teil.
Sie hatten sich wegen des Festtages selbst verboten,
das Haus eines Römers, eines Heiden, zu betreten,
um nicht unrein zu werden.
Wie gut, dass ich eine Abschrift des Protokolls aufhob.
Niemand hätte sonst von diesem Verhör erfahren.
Bei einem Satz habe ich besonders aufgehorcht.
Den muss ich Ihnen genau wiederholen.
Während des Wortwechsels zwischen Pilatus und Jesus,
der mehr ein Streitgespräch genannt werden konnte
und weniger ein Verhör war,
ging es um den Wahrheitsbegriff.
Jesus sagte wörtlich:
»Ich bin dazu geboren
und bin dazu in die Welt gekommen,
damit ich für die Wahrheit eintrete.«
Ich wurde geboren, sagte er.
Das sagte er mit Betonung, mit Nachdruck,
obwohl ihn keiner nach seinen Personalien fragte.
Er berief sich auf seine Geburt.
Er schob nicht andere vor,
gut genug als Vorwand für mildernde Umstände,

wie ich das so oft mitschreiben musste.
Er redete sich auch nicht auf andere hinaus,
sie hätten ihn verführt.
Er sagte ganz einfach, aber einfach war das nicht:
»Ich bin dazu geboren, ich kam dazu in die Welt,
um mich für die Wahrheit einzusetzen.«
Soweit ich später in Erfahrung bringen konnte,
hat Jesus nur dieses eine Mal,
am Ende seines Lebens von seiner Geburt gesprochen.
Sehen Sie, und das machte mir Eindruck,
dass er nicht jammerte, ach wäre ich doch nie geboren,
dass er nicht den Leib seiner Mutter verfluchte,
wie ich das von anderen Verbrechern so oft hörte.
Er stand zu seiner Geburt.
Er sagte Ja dazu,
dass er in diese Welt hineingeboren worden war.
Und eigentlich sagte er damit,
dass gerade mit seiner Geburt alles begonnen hatte.
Mir ist erst viel später aufgegangen,
dass er ohne diese Geburt nicht hätte handeln können.
Diese Geburt war vielmehr
die Voraussetzung für alles, was er tat.
Sie war Voraussetzung auch für die Wahrheit,
über die Pilatus nur die Schultern zucken konnte.
Denn das sagte er ihm frei heraus,
dass er geboren sei, um für die Wahrheit einzutreten.
Ja, das sei der Sinn seiner Geburt, sagte er,
und damit auch der Sinn seines Lebens in dieser Welt,
in ebendieser Welt für die Wahrheit einzutreten.
Dass dann Pilatus selbstgefällig fragte:
»Was ist schon Wahrheit?«
war zu erwarten und beinahe selbstverständlich.
Wie sollte er auch Wahrheit verstehen?

Als diplomatisches Taktieren etwa?
Wie sah das denn in seiner Situation aus?
Hätte er wirklich das getan, was er für richtig hielt,
um einen Unschuldigen freizulassen,
dann wäre er die längste Zeit
des Kaisers Prokurator in Syrien gewesen.
Dieser schwache jüdische König Herodes Antipas
hätte gewusst, wie er ihn ausspielen konnte.
Das war der Gegner, den er als Freund gewinnen wollte,
und nicht dieser in seinen Augen arme Wanderprediger.
Für ihn, Pilatus, galt nur der Erfolg der Erfolgreichen
und eben nicht der Misserfolg des Gescheiterten.
Er wollte oben bleiben, das war seine Wahrheit,
die er natürlich nicht sagte,
die ich aber aus meiner Tätigkeit gut kannte.
Damit Sie mich richtig verstehen,
ich muss noch einflechten,
dass ich mich seit dieser Verurteilung
mit diesem Verurteilten sehr beschäftigt habe.
Der ließ mich nicht mehr los.
Ich musste auch die Kurzfassung der Urteilsbegründung
auf ein großes Papyrusblatt schreiben
und selbst am oberen Ende des Kreuzstamms befestigen.
»Jesus der Nazoräer, König der Juden« stand darauf.
Und weil ich seinen Tod kannte,
wollte ich alles über sein Leben erfahren.
Wenn ich auch ein Römer bin und ein Sklave war,
habe ich doch viel nachgedacht
und darum auch die Abschrift dieses Protokolls
zur allgemeinen Verfügung gestellt.
Vielleicht hat sie mit dazu beigetragen,
über die Geburt Jesu nachzudenken.
Ich bin geboren, hatte er gesagt,

und bin in diese Welt gekommen,
damit ich mich für die Wahrheit einsetze. –
Ich kann es mir nicht anders denken,
als dass er damit meinte,
dass die Wahrheit nicht nur ein Begriff ist,
der mit dem Leben nichts zu tun hat.
Das vermutete Pilatus wahrscheinlich,
für den die Wahrheit wirklichkeitsfremd war.
Jesus aber meinte,
dass Wahrheit immer etwas mit dem Leben zu tun hat.
Und sein Leben hatte etwas mit seiner Geburt zu tun
und mit dem Tod auch, der ihm bevorstand.
Sei meinen,
dann sei die Wahrheit immer unterwegs,
von der Geburt bis zum Tod sei sie immer in Bewegung?
So wird es sein,
und unterwegs erreicht sie uns.
Und wenn sie uns erreicht hat,
kann sie bei uns bleiben und kann mit uns handeln.
Und Jesus hat mit der Wahrheit gehandelt.
Nein, Sie dürfen mich nicht missverstehen.
Er hat mit der Wahrheit nichts ausgehandelt,
kein Geschäft mit ihr gemacht,
bei der die eine Hand die andere wäscht.
So machte es Pilatus,
der schließlich seine Hände in Unschuld wusch.
Jesus hat die Wahrheit getan.
Er hat sie mit Händen getan,
und er hat sie mit den Ohren gehört
und mit den Augen gesehen,
mit den Füßen erlaufen
und mit dem Mund weitergesagt.
Sie war ständig mit ihm unterwegs.

28. Kurt Wolff: Protokollnotiz

Noch richtiger muss es heißen, dass sie nicht ständig,
sondern beständig mit ihm unterwegs war
und alles, was er tat, beständig bestimmte.
Auf dem Weg von seiner Geburt an
war die Wahrheit sein Begleiter.
Ich bin geboren, hatte er gesagt,
und in diese Welt gekommen,
um von da ab für die Wahrheit einzutreten,
um der Ungerechtigkeit entgegenzuwirken,
die nichts und gar nichts mit der Wahrheit zu tun hat.

Ob das nun eine Weihnachtsgeschichte ist,
die ich Ihnen da erzählte, weiß ich nicht.
Ich bin nur ein Schreibsklave Gottes, sozusagen.
Aber mit seiner Geburt hat die Geschichte zu tun,
das hat er selbst gesagt,
das habe ich persönlich protokolliert,
und Johannes hat das Protokoll später benutzt.
Mit seiner Geburt fing alles an,
sein Weg
und die Wahrheit,
für die er sein Leben einsetzte.

6. EINEN NEUEN WEG GEHEN

Betlehem ist nur Station. Ziel ist die Umkehr (und nicht umsonst lässt Markus, der älteste der Evangelisten, der kein Wort über Weihnachten verliert, Jesus erstmals mit dem Ruf zur Umkehr auftreten [Markus 1,14f]). *Wer die Freundschaft Gottes mit uns Menschen erlebt hat, kann nicht stehen bleiben. Ihm wird die Feier dieser Freundschaft zur Quelle des Handelns. Anbetung drängt dazu, das Erlebte weiterzugeben* [vgl. Text 3)].

Allerdings: Umkehr ist ein lebenslanger Prozess. Er braucht immer wieder Phantasie und Kreativität, fordert immer wieder das heraus, was uns eigentlich Menschen sein lässt, um die Erde wenigstens ein wenig menschlicher zu gestalten. Und ganz nebenbei erfahren wir immer mehr, wer wir wirklich sind [vgl. Text 32].

Wenn Sie die Einleitungen zu den verschiedenen »Kapiteln« nacheinander gelesen haben, ist Ihnen wahrscheinlich aufgefallen, dass immer weniger vom Konsumfest Weihnachten und immer mehr von unserem eigenen Feiern die Rede ist. Vielleicht haben Sie sich zu einigen neuen Perspektiven auf unser Feiern anregen lassen?

Die Begegnung mit dem Anfang in Betlehem drängt dazu, weiterzumachen.

29. Markus Tomberg: Aufbruch

Einen anderen Weg gehen, ein anderer Mensch werden bedeutet hier: Abschied nehmen von alten, aber nicht unbedingt guten Gewohnheiten – und das erfahrene Gute weitererzählen.

Vorlesedauer: ca. 2 Minuten
Hierzu passt: Text 25
Altersgruppe: ab dem Kindergarten

TIPP: *Sie können die Texte 1, 7, 14, 19, 25 und 29 als Fotoroman arrangieren! Gestalten Sie zu jedem Text ein oder mehrere Standbilder, die Sie fotografieren – vielleicht bei der Vorbereitung der Sternsingeraktion?*

Aufbruch

Irgendwann mussten sie weiter. Sie konnten nicht für immer in dem kleinen Stall bleiben: die Frau und der Mann und das Kind nicht, und die Sternsucher auch nicht.

Wohin sollen wir gehen, fragten sie sich.
Was sollen wir jetzt tun?
Lasst uns umkehren, beschlossen sie schließlich.
Lasst uns nicht mehr streiten.
Lasst uns nicht mehr verzweifeln.
Lasst uns den anderen davon erzählen.
Nicht denen, die uns auslachen.
Denen nicht gerade.
Aber den anderen!
Ja, allen anderen.

Sie redeten fast durcheinander, die ehemaligen Sternsucher. Sie waren ziemlich aufgeregt. Sie hatten etwas gelernt. Sie hatten mit Jesus gespielt. Sie hatten für ihn gesorgt. Sie hatten ihn lieb.

Das hatte sie verändert.

Wenn der eine müde war, hatte der andere sich um das Kind gekümmert. Wenn einer traurig war, hatte das Lächeln des Kindes ihn froh gemacht. Wenn einer zornig werden und Streit beginnen wollte, hatte er das Kind angesehen und seinen Zorn begraben.

Sie waren andere Menschen geworden.
Es wäre gut, wenn alle so leben könnten, sagten sie.
Ohne Streit.
Ohne Zorn.
Ohne Verzweiflung.
Wir wollen damit anfangen.
So gut wir können.

30. Margret Rettich: Ein Märchen

Ein Märchen, das heißt: eine gute, eine frohe Botschaft, ist die Weihnachtsgeschichte selbst. Ein Märchen, das wahr geworden ist. Margret Rettichs Märchen erzählt auch so eine Geschichte: von Menschen, die aus Eigennutz oder Selbstlosigkeit dazu beitragen, dass ein Weihnachtskuchen entsteht – zum Fest eines Gottes, der auf krummen Zeilen gerade schreiben kann (vgl. Einleitung zu Kapitel 5).

Vorlesedauer: ca. 14 Minuten
Altersgruppe: ab der weiterführenden Schule

Ein Märchen

Als der große Krieg zu Ende war, wohnten die Menschen in den zerstörten Städten unter Trümmern in Kellern und in Erdlöchern. Sie sorgten sich nur noch darum, dass sie jeden Tag etwas zu essen hatten und dass die Feuer nicht ausgingen, an denen sie sich wärmten.

Manchmal dachten sie an die Zeiten, als sie satt wurden und in schönen behaglichen Wohnungen lebten.

Als das Weihnachtsfest nahte, erinnerten sie sich besonders oft. Denn damals war es ihnen gut gegangen. Sie hatten gegessen, getrunken und gefeiert und einander viele Geschenke gemacht.

Alle sehnten sich danach, dass es nun ein klein wenig wieder so wurde wie damals.

Da setzte sich eine Frau in den Kopf, einen richtigen Weihnachtskuchen zu backen. Denn, dachte sie, schaffe ich das, werde ich es als Zeichen nehmen, dass es uns allen irgendwann wieder besser gehen wird.

Sie machte sich auf und kletterte über die Trümmerberge.

Wenn sie irgendwo Rauch aufsteigen sah, suchte sie den Eingang zu der Behausung, steckte den Kopf hinein und fragte: »Wer kann mir ein paar Eier, etwas Fett, Mehl und Zucker geben? Ich möchte einen Weihnachtskuchen backen und will gern ein Stück davon abgeben.«

Die meisten Leute lachten die Frau einfach aus.

Doch einmal antworteten welche: »Na ja, Eier könnten wir beschaffen. Wir haben noch ein Huhn, doch nichts mehr, was es picken kann. Es ist so schwach, dass wir es Weihnachten schlachten wollen. Wenn es vorher ein paar Körner hätte, würde es wohl auch noch mal Eier legen. Also würden wir die Eier gegen Körner hergeben.«

Die Frau lief weiter und fragte nun: »Wer kann mir ein paar Körner geben für ein Huhn, das mir dafür Eier legt, die ich zusammen mit Fett und Mehl und Zucker zu einem Weihnachtskuchen verrühren will. Ich will gern ein Stück davon abgeben.«

Wieder lachten die meisten Leute sie aus.

Nur zwei alte Frauen sagten: »Ein paar Körner könnten wir dir geben.

Wir haben den ganzen Sommer auf den Feldern gesucht, was aus den Ähren gefallen ist. Noch heute tut uns der Buckel weh. Aber weil wir seit Monaten nichts anderes als zermahlene Körner essen, möchten wir dafür ein Stück Fleisch, das wir uns braten können.«

Jetzt lachten die Leute noch viel mehr, wenn die Frau sie fragte: »Wer kann mir einen Braten geben, für den ich Körner bekomme, die ein Huhn pickt, das mir dafür Eier legt, die ich mit Fett und Mehl und Zucker zu einem Weihnachtskuchen verbacken will.«

Die Frau wusste selber, dass sie nach ganz unerreichbaren Dingen fragte, aber sie wollte einfach nicht aufgeben. Sie stieg immer weiter über Berge von Schutt und kam schließlich an die Stelle, wo früher einmal ein Park gewesen war. Von den Bäume waren nur verbrannte Stümpfe übrig. Überall scharrten Leute die Wurzeln heraus, um etwas zum Feuern zu haben.

Die Frau fragte auch hier und wurde auch hier ausgelacht.

Nur ein Junge sagte: »Ich weiß einen Mann, der Vögel fängt, die man braten kann. Wenn ich ein Stück von deinem Kuchen abbekomme, zeige ich dir, wo er sitzt. Denn ich habe noch nie Kuchen gegessen.«

Er führte die Frau an den Rand von einem großen Trichter, den eine Bombe gerissen hatte. Darin stand eine Hütte aus einem verrosteten Auto und einigen Mauerbrocken. Vor der Hütte saß ein Mann. Er briet an einem Stecken einen winzigen Vogelkörper über einem Feuerchen.

Die Frau sagte zu ihm: »Ich brauche einen Vogel für zwei alte Frauen, die mir dafür Körner geben.«

Der Mann sah nicht auf und brummte: »Das ist der letzte Vogel, den ich brate. Danach weiß ich nicht, was ich essen soll. Denn andere Vögel kann ich nicht mehr fangen, meine Schleuder ist kaputt. Das Gummi ist gerissen, als ich es gespannt habe, es war ausgeleiert. Ja, wenn ich ein neues Gummi für meine Schleuder bekäme, könnten wir über einen Vogel einig werden.«

Jetzt wusste die Frau nicht weiter. Woher sollte sie, die fast nichts besaß, Gummi für eine Schleuder nehmen? In ihrem Keller hatte sie einen Topf zum Kochen, einen Löffel zum Essen, eine Decke und ein Feldbett zum Schlafen. Doch da fiel ihr ein, dass dieses Feldbett Riemen hatte, und diese Riemen waren aus Gummi.

Sie rannte so schnell sie konnte heim und schnitt aus dem Feldbett einen Riemen heraus. Es war ohnehin schief und hart, mochte es noch schiefer und noch härter werden.

Der Mann war sehr zufrieden. Er probierte die neue Schleuder gleich aus. Schon nach kurzer Zeit hatte er eine magere Krähe erwischt, die er rupfte und er Frau gab.

»Sie ist im Geschmack von einer Taube nicht zu unterschieden«, sagte er. Die Frau rannte mit dem Vogel zu den beiden Alten und sagte: »Hier bringe ich ein Täubchen, das ihr euch braten könnt.«

Die Alten freuten sich so sehr darüber, dass sie der Frau eine ganze Papiertüte voll Körner schenkten. Die Tüten hatten sie noch aus besseren Zeiten, und sie hatte ein Loch. Die Frau musste sie mit beiden Händen halten, denn sie wollte kein einziges Korn verlieren. Erst in ihrem Keller merkte sie, wie viele Körner es waren.

Viel zu viel für das Huhn, dachte sie und mahlte die meisten zwischen zwei Steinen zu einem mehligen Brei. Als sie mühsam die Spelzen und Schalen herausgesammelt hatte, sagte sie aufgeregt vor sich hin: »Ich habe Mehl, ich schaffe es, ich habe Mehl, ich schaffe es.«

Mit dem Rest der Körner lief sie zu den Leuten, die das Huhn besaßen. »Nur so wenig?«, sagten die. »Damit wird es kaum zu Kräften kommen. Es ist so schwach, dass wir das Schlimmste befürchten. Erst in ein paar Tagen wird sich herausstellen, ob es noch einmal Eier legen kann.«

Die Frau ließ sich nicht entmutigen, noch hatte sie viel vor sich. Zum Weihnachtskuchen fehlten ihr Fett und Zucker. Wieder kletterte sie über Trümmerberge, wieder fragte sie alle Leute und wieder lachten alle sie aus.

Diesmal geriet sie bis an den Rand der Stadt, wo die Steinhaufen flacher wurden. Dahinter war früher einmal ein Wald gewesen. Jetzt standen nur noch vereinzelte Bäume zwischen den Bombenlöchern.

Manchmal traf die Frau auf eine Wache, die aufpasste, dass sich niemand an den Bäumen vergriff, sie fällte und als Brennholz wegschleppte. Die Frau wagte nicht, diese Wachen anzusprechen und zu fragen.

Doch einen kleinen, krummen Mann sprach sie an, der unter den Bäumen herumkroch und irgend etwas aufklaubte. Sie sagte: »Ich will einen Weihnachtskuchen backen. Mehl habe ich und Eier vielleicht auch. Nun fehlen noch Zucker und Fett. Ich will gern ein Stück Kuchen abgeben, wenn ich dazu komme.«

Der kleine krumme Mann sagte: »Wer mir hilft, Bucheckern zu sammeln, bekommt von dem Öl ab, das ich daraus presse.«

Die Frau zog ihre Jacke aus, knöpfte sie zu, verknotete die Ärmel und hatte ein Art Sack, in den sie hineinsammeln konnte. Vorher hatten schon viele andere Leute nach Bucheckern gesucht. Es war mühsam, noch welche zu finden. Der kleine krumme Mann zeigte ihr, wie sie die Erde und das Laub zurückscharren musste. Es dauerte eine ganze Woche, bis ihre Jacke gefüllt war. In seiner Behausung hatte der kleine krumme Mann aus einem Panzerrohr und anderen Teilen, die er in den Trümmern gefunden hatte, eine Presse gebaut. Die Bucheckern in der Jacke ergaben nicht mehr Öl, als in eine halbe henkellose Tasse ging. Aber die Frau war glücklich. Sie trug das Öl behutsam in ihren Keller.

Dann kletterte sie wieder über die Steine, um nach dem Huhn zu fragen, das ihr die Eier legen sollte.

»Fast wäre es an der Anstrengung eingegangen«, sagten die Leute, »doch es hat sich wieder erholt, dass wir es noch eine Weile leben lassen.« Und sie gaben der Frau ein einziges winziges Ei mit einer ganz weichen grauen Schale. Die Zeit drängte nun, denn in fünf Tagen war Weihnachten, und noch immer fehlte der Zucker.

Wenn die Frau danach fragte, lachten die Leute sie nicht aus, sondern wurden böse.

»Zucker«, riefen sie, »wir erinnern uns nicht einmal mehr, wie Zucker schmeckt! Woher soll unsereins Zucker nehmen? Zucker hat nur einer hier!«

»Wer?«, fragte die Frau.

Die Leute sagten: »Der Mann, der ALLES hat. Sieh dich um, wo er wohnt.« Die Frau irrte umher. Sie war hungrig. Sie wurde schwach und müde. Sie hatte wunde Füße. Wenn sie abends auf ihrem Feldbett lag, auf dem sie kaum einschlafen konnte, seit der Riemen fehlte, musste sie hart bleiben. Sie musste alle Kraft zusammennehmen, um nicht das Wenige aufzuessen, das sie für ihren Weihnachtskuchen zusammengetragen hatte.

Einen Tag vor Weihnachten fand sie irgendwo in der Stadt ein Gebäude, das fast heil geblieben war. Das Dach hatte Ziegel, und einige Fenster hatten Glas, die anderen waren sauber mit Brettern vernagelt. Aus dem Kamin kam dicker Rauch. Die Frau wusste sofort, dass hier der Mann wohnen musste, der ALLES hatte.

Sie klopfte an die Tür.

Der Mann, der aufmachte, hatte einen richtigen Anzug an. Er rauchte eine richtige Zigarre. Neben ihm stand ein richtiger Hund. Wer konnte noch einen Hund mit durchfüttern? Hinter dem Mann strömte so viel Hitze aus dem Haus, dass die Frau draußen sich wärmen konnte.

»Was ist?«, fragte der Mann, und der Hund knurrte.

»Ich brauche Zucker«, sagte die Frau. Der Mann, der ALLES hatte, lachte die Frau weder aus noch wurde er böse. Er fragte nur: »Was bekomme ich dafür?«

»Ein Stück von meinem Kuchen, den ich davon backen will«, sagte die Frau, »sonst habe ich nichts.«

»Doch, der Ring«, sagte der Mann.

Der Ring war von ihrem Mann, der in den Krieg gemusst hatte und vielleicht nie wiederkommen würde. Dann dachte sie an die vielen Leute, denen sie ein Stück Kuchen versprochen hatte und zog den Ring ab. Sie bekam dafür eine Handvoll Zucker.

Nun hatte die Frau alles beisammen, was sie brauchte.

Sie knetete aus dem Körnermehl, dem Zucker und dem Bucheckernöl einen Teig. Mit ihrem letzten Holz machte sie Feuer und backte einen kleinen harten Kuchen. Den teilte sie in viele Teile.

Am Heiligen Abend machte sie sich auf.

Sie brachte den Leuten mit dem Huhn ein Stück. Da schenkten die ihr noch ein Ei.

Sie brachte den beiden Alten ein Stück. Da schenkten die ihr noch mal Körner. Sie brachte dem Jungen ein Stück, der im Park Wurzelholz gesucht hatte. Da schenkte der ihr Holz.

Sie brachte dem Vogelfänger ein Stück, da schenkte der ihr einen lahmen Spatzen, der von der Schleuder getroffen war.

Sie brachte dem kleinen krummen Mann ein Stück. Da schenkte der ihr eine Scherbe voller Öl, in der ein Docht schwamm, das war eine Lampe.

Nun hatte die Frau noch zwei Stücke von ihrem Kuchen übrig. Eigentlich sollte ich beide selber essen, dachte sie, doch es ist Weihnachten. Sie klopfte bei dem Mann, der ALLES hatte und schenkte ihm das vorletzte Stück Kuchen, wie sie es versprochen hatte.

»Mach happ«, sagte der Mann zu seinem Hund, und der Hund machte happ. Dann ging die Frau nach Hause.

Sie fachte die Öllampe an, machte mit dem Holz ein warmes Feuer, kochte aus den Körnern und dem Ei einen Festtagsschmaus, gab dem zahmen, lahmen Spatzen ein paar Krümel und wollte in den Kuchenrest beißen.

Aber sie legte den Kuchen vor sich hin und sah ihn an. Eigentlich war sie satt.

Ich bin satt! Dachte sie, mir ist warm, es ist hell. Welch ein Weihnachtsfest! Wie viele Geschenke habe ich bekommen, und wie viel Freude habe ich gehabt! Ich habe es geschafft, in dieser schweren Zeit einen Kuchen zu backen. Und darauf bin ich stolz.

30. Margret Rettich: Ein Märchen

31. Markus Tomberg: Ein Kind ist uns geboren

Unser ganzes Leben soll davon erzählen, wer dieses Kind ist, das da im Stall von Betlehem geboren worden ist. Kein geringer Anspruch. Aber die einzige Möglichkeit, dass Jesus in uns allen geboren wird.

Vorlesedauer: ca. 2 Minuten
Altersgruppe: ab der weiterführenden Schule

TIPP: *Eine leicht zu singende Vertonung dieses Textes von Inga Behrendt finden Sie in dem Buch »Zur Krippe her kommet. Neue Hirten- und Krippenspiele«, hg. von M. Tomberg. Herder 2001.*

Ein Kind ist uns geboren

Ein Kind ist uns geboren.
In einer Winternacht
hat's uns, die wir verloren
waren, das Heil gebracht.

Geboren ward's im Stalle
nicht weit von Betlehem:
die Hirten kamen alle,
das Kind dort anzuseh'n.

Von Ferne kamen weise
Männer, von Osten her.
Sie knieten hin ganz leise
und freuten sich so sehr.

Mit ihnen woll'n wir gehen
zum Stall von Betlehem
und unser ganzes Leben
erzählt, was dort gescheh'n.

31. Markus Tomberg: Ein Kind ist uns geboren

32. Werner Wollenberger: Janine feiert Weihnachten

Weihnachten ist kein Fest, bei dem es auf den Termin ankommt. Es kommt darauf an, das Fest im Geiste Jesu zu feiern, im Geist der Nächstenliebe und der Mitmenschlichkeit, im Geist der Liebe und des Lebens. In der Hoffnung auf Ostern.
Die Geschichte von Janines letztem Weihnachtsfest erzählt davon ganz unscheinbar.

Vorlesedauer: ca. 7 Minuten
Altersgruppe: ab der weiterführenden Schule

Janine feiert Weihnachten

Wann ist Weihnachten? Man sagt am 24. Dezember, am 25. vielleicht. Das habe ich auch immer geglaubt, bis jene Geschichte passierte, die ich jetzt erzählen möchte. Seither bin ich nicht mehr so sicher.

Die Geschichte nahm ihren Anfang im Sommer des Jahres 1958 in einem kleinen Juradorf. Das Juradorf war wirklich sehr klein – ein paar Häuser, ein Bäcker, zwei, drei Wirtschaften, eine kleine Schule, eine Kirche und ein paar Familien über die Hänge verstreut. Eine dieser Familien bestand aus einem jungen Ehepaar und einem achtjährigen Mädchen, nennen wir es Janine.

Janine war ein fröhliches Mädchen, aber in diesem Sommer begann es zu kränkeln. Es wurde apathisch, es war immer müde, es nahm nicht mehr an den Spielen seiner Gefährtinnen teil; es begann Kopfweh zu haben, es wollte morgens nicht mehr aufstehen; es war krank. Zuerst schien die Sache nicht sehr besorgniserregend; aber dann, nachdem Janine immer mehr zu klagen begann, ging die Mutter zum Arzt des nächsten größeren Dorfes. Der Arzt untersuchte sie und kam der Krankheit nicht auf die Spur.

So fuhr die Mutter denn eines Tages im September nach Basel und ließ Janine von einem berühmten Professor an der Universitätsklinik untersuchen. Der Bescheid, den Janines Mutter bekam, war erschreckend. Janine hatte Leukämie, eine Blutkrankheit, gegen die es auch heute noch kein Mittel gibt und die binnen kurzer Zeit zum sicheren Tode führt. Der Professor gab Janine höchstens noch zwei Monate zu leben. Die Mutter war verzweifelt. Sie beschwor den berühmten Arzt, sie bat ihn, sie fragte, was sie tun könne, und dem Arzt blieb nichts übrig, als ihr zu sagen, das einzige, was sie für Janine noch unternehmen könne, sei, ihr die letzten Wochen ihres Lebens so schön wie immer möglich zu machen. – Janines Eltern waren nicht reich, aber es ging ihnen nicht schlecht, und sie beschlossen, für Janine zu tun, was immer nur zu tun sei: mit ihr zu reisen, ihr die Schweiz zu zeigen, die Welt zu zeigen; sie mit Geschenken zu überschütten.

32. Werner Wollenberger: Janine feiert Weihnachten

Aber Janine wollte von all dem nichts wissen. Sie wollte nicht reisen, sie wollte keine Geschenke haben. Sie hatte nur einen einzigen Wunsch, und das war: Weihnachten zu feiern. Sie wollte Weihnachten haben, und zwar wunderschöne Weihnachten, wie sie sich ausdrückte, Weihnachten mit allem, was Weihnachten zu Weihnachten macht. Das war der einzige Wunsch, der Janine nicht zu erfüllen war. Dezember rückte näher, der Vater wurde immer verzweifelter, und in seiner Verzweiflung vertraute er sich einem Freund, nämlich dem Lehrer des Dorfes, an. Zusammen kamen die Männer auf eine Idee. Der Vater ging nach Hause, mit gespielter Begeisterung erzählte er Janine, dass Weihnachten ausnahmsweise in diesem Jahre früher stattfinden werde, und zwar bereits am 2. Dezember. Janine war ein gescheites Kind und glaubte die Geschichte zunächst nicht; das heißt, sie hätte sie gerne geglaubt, aber sie konnte das gar nicht fassen. Nun, der Vater sagte, mit Ostern sei es ja auch so, und genauso sei es nun eben einmal mit Weihnachten. Die Idee schien dem Vater sehr gut; er hatte nur etwas dabei vergessen: Weihnachten ist ein Fest, das man nicht alleine feiern kann. Zu Weihnachten gehören die Weihnachtsvorbereitungen, das Packen der Paketchen, der Geschenke. Zu Weihnachten gehört als Vorbereitung, dass in den Geschäften die Geschenke ausgestellt sind, dass die Christbäume auf dem Dorfplatz aufgerichtet werden. Zu Weihnachten gehört die ganze Zeit vor Weihnachten, und zu Weihnachten gehört vor allem, dass alle es feiern.

Der Nächste im Dorf, der ins Vertrauen gezogen wurde, war der Bäcker. Und der Bäcker beschloss, seine Lebkuchenherzen dieses Jahr schon früher zu backen. Er beschloss auch, sein berühmtes Schokoladenschiff, das er jedes Jahr ausstellte, dieses Jahr schon früher ins Fenster zu stellen und aus den Schloten des Schiffes die Watte dampfen zu lassen. Und nun begannen die anderen Geschäftsleute des Dorfes, die sich zunächst gesträubt hatten – denn Weihnachten ist für Geschäftsleute nicht nur ein Fest, sondern eben auch ein Geschäft –, die Leute, die sich zunächst gesträubt hatten, begannen auch, ihre Weihnachtsvorbereitungen zu treffen.

Der Plan setzte sich immer fester in den Köpfen der Leute des kleinen Juradorfes. In der Schule wurde gebastelt; im Kindergarten wurde gebastelt; den Kindern wurde eingeschärft, dass Weihnachten dieses Jahr früher sei als in anderen Jahren, und es wurde überall gemalt, gebacken. Die Hausfrauen machten mit; die Väter gingen auf den Dachboden, holten die Lokomotiven und die Eisenbähnchen und begannen, sie neu zu bemalen oder auszubessern. Die Puppen wurden in die Puppenklinik gebracht. In dem kleinen Dorf setzten schon Mitte November ganz große Weihnachtsvorbereitungen ein. Der letzte Widerstand, der zu überwinden war, war der des Pfarrers: konnte er denn die ganze Weihnachtsliturgie vorwegnehmen? Er konnte es. Er setzte Weihnachten für den 2. Dezember fest.

Der 2. Dezember kam, und es wurde ein wundervolles Weihnachten für Janine, ein Weihnachtsfest wie in anderen Jahren. Die Sternsinger kamen, verteilten ihre Lebkuchen, ihre Nüsse, ihre Birnen, und sogar aus dem Radio kam weihnachtliche Musik, kam »O du fröhliche«, kamen die Schweizer Weihnachtslieder, und daran war nicht das Radio schuld, daran war ein kleiner Elektriker im Dorf schuld, der eine direkte Leitung in das Haus Janines gelegt hatte und vom Nebenhaus her Platten abspielte, deren Musik nun direkt aus dem Lautsprecher kam.

Es war ein wundervolles Weihnachtsfest, und zwei Tage später starb Janine. Am 24. Dezember 1958 wurde in diesem kleinen Juradorf nicht mehr Weihnachten gefeiert.

33. Josef Reding: Als ob die Hirten einen anderen Herrn hätten ...

Natürlich hat die Geburt Jesu die Welt verändert. Zumindest bestimmt sie unsere Zeitrechnung. Aber hat sie uns auch vom Diktat der Zeit, der Wirtschaftlichkeit, des Konsums befreit? Von der uralten Einteilung der Welt in Mächtige und Ohnmächtige? Zumindest Ibrahims Hirten sehen aus, als ob sie einen anderen Herrn hätten. Für sie hat sich wirklich die Welt verändert.

Vorlesedauer: ca. 6 Minuten
Hierzu passen: Texte 6 und 24
Altersgruppe: ab der weiterführenden Schule

Als ob die Hirten einen anderen Herrn hätten ...

Brief des Pächters Ibrahim an Ben Charub, Eigentümer eines Grundstückes mit Stallungen vor Betlehem.

Mächtiger, gefürchteter und geliebter Ben Charub!

Die drei Drachmen Pachtzins überbringt dir hiermit wie alljährlich um diese Zeit als Bote mein begabter Neffe Lom. Zum Geld aber habe ich dir einen Brief beilegen müssen für diesmal, einen Brief, den ich dem Schriftkundigen Echail aufgesagt habe, wobei ich ihn um mögliche Kürze bat, da er sich jedes Wort bezahlen lässt – der Schlaufuchs – und oft ins Blumenreiche gerät.

Großer Ben Charub, auf deinem Grundstück und in dem Stall, den deine Güte und Menschlichkeit mir zur Pacht überlassen haben, ist Ungewöhnliches geschehen. Ich möchte gleich bitten, erhabener Eigentümer, die Ursachen dieser Geschehnisse nicht bei mir zu suchen. Ich bin nur Pächter und habe schon Mühe, mich in meiner Familie und meinem Hauswesen durchzusetzen – du kennst mein Weib Rachel –, und besitze nicht einmal einen Abglanz von der Stärke unseres unvergleichlichen Kaisers Augustus, der die Volkszählung anordnete. Mit dieser Volkszählung begann alles, was dein Grundstück und deinen Stall in Mitleidenschaft gezogen hat. Es kamen Scharen von Auswärtigen in unseren Ort, wenige Bekannte nur, die meisten wildfremd. Die Menschenmengen brachten Unruhe in unsere Gassen und schreckten auch nicht vor den Schwellen unserer Häuser zurück, wenn sie Speise oder eine Schlafstatt brauchten. Manche beriefen sich auf verwandtschaftliche Bande, an die sich bei uns kaum jemand erinnern konnte.

Zu mir kam zum Beispiel ein gewisser Joseph, der behauptete, vor vierzig Jahren in meinem Haus geboren und ein Vetter von mir zu sein. Das mochte stimmen – oder auch nicht. Im Gesicht konnte ich eine Familienähnlichkeit nicht ausmachen; nun sah der Mann etwas struppig, aber sonst harmlos aus.

Er hatte ein junges Mädchen bei sich, das ein Kind erwartete. Nach einigem Zögern wollte ich sie einlassen, als Rachel mich von hinten anstieß und mir zuflüsterte, welche Scherereien die beiden uns im Haus bringen würden: Aufregung, Arbeit und Lauferei.

Und da Rachel in solchen Dingen und allen anderen Recht hat, musste ich bedauernd die Schultern heben und die Tür langsam wieder zumachen und dann fest verschließen.

Und dieser Joseph und seine Frau müssen es gewesen sein, die ohne Erlaubnis deinen Stall aufgesucht und sich für einige Wochen darin eingerichtet haben. Und die Frau hat ihr Kind dort zur Welt gebracht.

Wie gesagt, von mir aus hatten sie für nicht eine Erlaubnis, aber wer fragt heutzutage schon nach Erlaubnis eines Pächters. Wenn's wenigstens noch der Eigentümer wäre! Mit einem Wort: Es waren Stallbesetzer!

Nun haben diese beiden, der Joseph und seine Frau, den Stall eigentlich recht ordentlich gehalten, manches sah nachher sogar besser als vorher aus. Die Tür war instand gesetzt, und vier Dachsparren waren säuberlich geflickt; der Mann muss handwerkliches Geschick haben. Aber dafür fehlte einiges an Futtergetreide, und auch ein paar Strohgarben waren zerlegen und zu Häcksel geworden.

Und dieses Paar und das Kind müssen viele Besucher gehabt haben, ganze Volksscharen von Besuchern: der Vorplatz ist arg zertrampelt, und mehrere Feuerstellen haben das Gras bis zur Wurzel versengt. Das dauert Jahre, bis da was nachwächst. Von der Handelsstraße bis zum Stall ist ein richtiger Weg entstanden, was für uns unangenehm ist, da jetzt manche Reisenden irregeführt werden und den neuen Pfad entlanggehen in der Hoffnung, auf eine Karawanserei zu stoßen. Aber das Schlimmste sind nicht diese äußeren Veränderungen. Da ist in den Dingen selbst etwas anders geworden: im Holz, in den Gräsern, tief im Boden, in den Tieren – ja, und in den Menschen, Ben Charub, du Kenner der Menschen in ihren Unarten und Eigenarten.

Als ich im Stall nach dem Rechten sah und die Hirten über die Vorgänge zur Rede stellte, kümmerten sich diese Männer kaum um mich. Sie ließen den früheren angenehmen Gehorsam vermissen. Sie blickten durch mich hindurch und sahen aus, als ob sie nicht mehr deine Bediensteten, sondern anderweitig Beschäftigte wären. Ich kann es nicht richtig erklären. Vielleicht doch: Die Hirten sahen aus, als ob sie einen anderen Herrn angenommen hätten.

Da müsstest du, edler Charub, als rechtmäßiger Eigentümer dieser Gegend und ihrer Menschen doch sofort etwas unternehmen!

Das Paar und das Kind sind schon seit einiger Zeit fort. Die Familie soll plötzlich aufgebrochen und bei Nacht über die Grenze gegangen sein.

Seit der Flucht dieses Joseph und seiner Frau und des Kindes fehlt auch mein Esel Guman, den ich in deinem Stall stehen hatte. Aber ein Hirtenjunge brachte mir die Nachricht von dieser Familie: Sie habe den Esel dringend gebraucht, und hier sei die Bezahlung, ein Stückchen Gold.

Nun, der Kaufpreis war ja reichlich, und ich habe mir von dem Goldstück ein stärkeres Tragtier als diesen klapprigen Guman angeschafft, so dass wir diese Angelegenheit rasch vergessen können.

Nur das mit den veränderten Menschen, das solltest du hier auf deinem Grund und Boden überprüfen. Ich sehe deiner Ankunft entgegen und bin bis dahin

dein dankbarer und besorgter Pächter Ibrahim.

Hinweise für den Einsatz der Geschichten

Sequenzvorschläge

Diese Sequenzvorschläge setzen thematische Schwerpunkte, die es ermöglichen, unter diesen speziellen Aspekten das Weihnachtsfest neu zu betrachten.

1. Sequenz: Weihnachtsgeschichten in ungewöhnlichem Gewand: 3, 5, 16 und 17
2. Sequenz: Die Geschichte der Sterndeuter: 1, 7, 14, 19, 25 und 29
3. Sequenz: Gedichte: 9, 13, 18, 20, 22, 27 und 31
4. Sequenz: Hirtengeschichten: 4, 6, 8 und 33
5. Sequenz: Weihnachtskritisches: 9, 10, 11, 12, 13, 15, 18 und 23

Altersgemäß erzählen

Weil nicht jedes Alter jede Geschichte wirklich versteht und verträgt, finden Sie hier Vorschläge, welche Texte für welche Altersgruppe geeignet sind. Ihre eigenen Erfahrungen und Ihr eigenes Gespür wollen diese Vorschläge allerdings nicht ersetzen. Und keine Altersangabe ist ein Ausschlusskriterium: Gute Geschichten wachsen mit und geben immer wieder etwas Neues zu entdecken!

Kindergarten:	1, 7, 14, 19, 24, 25 und 29
Grundschule:	3, 4, 5, 8, 16 und 26
weiterführende Schule:	2, 6, 12, 13, 15, 17, 18, 20, 28, 30, 31, 32 und 33
ältere Jugendliche und Erwachsene:	9, 10, 11, 21, 22, 23 und 27

Ganzheitlich erzählen

Hier finden Sie alle Tipps zum Weiterarbeiten mit den Texten dieses Buches:

TIPP 8, 12, 17, 23, 25, 32, 35, 37, 47, 52, 54, 57, 59, 77 und 82

Bibelstellenverweise

Textvorschläge zu Lesungstexten der Adventssonntage

Aufgeschlüsselt für die drei Lesejahre finden Sie hier Hinweise, wie sich einzelne Geschichten an verschiedene Lesungstexte der Adventssonntage anschließen lassen. Damit ist nicht gemeint, dass sich einfach Texte im Gottesdienst verwenden lassen. Aber vielleicht geben Ihnen die Hinweise den einen oder anderen Tipp oder eröffnen Ihnen den Raum zu der einen oder anderen Assoziation, wie Sie die Sonntagslesungen für sich und in Ihrer Gemeinde neu entdecken können.

Lesejahr A (2004/05)

1. Adventssonntag	Jesaja 2,1–5	Eine Vision	Einleitung zu Kapitel 1, S.12
2. Adventssonntag	Jesaja 11,1–10	Frieden	Text 4
3. Adventssonntag	Psalm 146,6–10	Schöpfung	Text 3
4. Adventssonntag	Jesaja 7,10–14	Maria	Text 27

Lesejahr B (2005/06)

1. Adventssonntag	Markus 13,24–37	Denn ihr wisst nicht, wann die Zeit da ist	Text 12
2. Adventssonntag	Jesaja 40,1–5.9–11	Gott kann auf krummen Zeilen gerade schreiben	Einleitung zu Kapitel 5, S. 114
3. Adventssonntag	Lukas 1,46–54	Maria – Das Magnifikat	Text 27
4. Adventssonntag	2 Samuel 7, 1–5.8b–12.14a.16	Ein Leben führen,das von Gottes Liebe erzähle	Text 31

Lesejahr C (2003/04)

1. Adventssonntag	1 Thess 3,12–4,2	»Leben, wie es Gott gefällt« – als Freund Gottes	Text 3
2. Adventssonntag	Lukas 3,1–6	Gott kann Krummes gerade machen	Einleitung zu Kapitel 5, S. 114
3. Adventssonntag	Zefanja 3,14–17	Der Herr ist in deiner Mitte, du hast kein Unheil mehr zu fürchten	Text 33
4. Adventssonntag	Micha 5,1–4a	Du, Betlehem-Efrata, so klein unter den Gauen Judas, aus dir wird einer hervorgehen, der über Israel herrschen soll.	Text 6

Quellenverzeichnis

Süße Weihnachtsgeschichten, Hartmut Rupp
aus: Erich Esslinger (Hg.), Geöffneter Himmel. Gedanken, Grüße und Geschichten zur Weihnachtszeit, Edition Mathieu, Heidelberg 1999

Der Hund mit dem gelben Herzen, Jutta Richter
oder die Geschichte vom Gegenteil
© 1998 Carl Hanser Verlag, München – Wien

Der uralte Hirte von Betlehem, Rudolf Otto Wiemer
© Rudolf Otto Wiemer Erben, Hildesheim

MOMO, Michael Ende
© 1973 by Thienemann Verlag (Thienemann Verlag GmbH), Stuttgart – Wien

Ein Notfall, Ulrich Löffler
aus: Erich Esslinger (Hg.), Geöffneter Himmel. Gedanken, Grüße und Geschichten zur Weihnachtszeit, Edition Mathieu, Heidelberg 1999

Vom Hirten, der die Krippe hütete, Werner Reiser
© Werner Reiser, Basel – Schweiz

Der Christbaum meiner Mutter, Christine Nöstlinger
aus: Barbara Homberg (Hg.), Warten auf Weihnachten
Friedrich Oetinger Verlag, Hamburg 1978

Drei Bildhaueretüden, 2 (auftrag zu einer weihnachtskrippe), Reiner Kunze
aus: Reiner Kunze, Gespräch mit der Amsel
© S. Fischer Verlag GmbH, Frankfurt am Main, 1984

Ein Fest, um das wir uns wirklich keine Sorgen zu machen brauchen,
Walter Kempowski © Walter Kempowski, Haus Kreienhoop, 27404 Nartum

Die lange Nacht, Klaus Pokatzky
© Klaus Pokatzky, Berlin

das gönnen wir uns, Ute Körner
aus: Erich Esslinger (Hg.), Geöffneter Himmel. Gedanken, Grüße und Geschichten zur Weihnachtszeit, Edition Mathieu, Heidelberg 1999

Zuviel Weihnachten, Dino Buzzati
aus: Dino Buzzati, Die Lektion des Jahres 1980,
H. Deutsch Verlag, Wien 1962

Ein Tisch ist ein Tisch, Peter Bichsel
aus: Kindergeschichten © Suhrkamp Verlag Frankfurt 1997, S. 21–30

Schwerer Gang, Clara Asscher-Pinkhof
aus: Sternkinder
© Cecilie Dressler Verlag, Hamburg
Feiertage, Hanns Dieter Hüsch
aus: Hanns Dieter Hüsch, Die Bescherung, 2002/2
© tvd-Verlag Düsseldorf, 2001
Brasilianisches Krippenlied, Ingo Barz
aus: Davids Stern über Bethlehem. Ein Weihnachtslesebuch, hg. Wolfgang Brinkel und Heike Hilgendieck, Chr. Kaiser, München 1992, S. 159
Das Jesuskind von Ostrowice, Friedrich Hoffmann
aus: Bernt von Heiseler (Hg.), Die heilige Zeit. Christnachtgeschichten deutscher Dichter, J. F. Steinkopf Verlag Kiel [3]1962
Heruntergekommen, Wilhelm Bruners
© Wilhelm Bruners, Jerusalem
Weihnacht, Alexander Rajczányi
aus: Erich Esslinger (Hg.), Geöffneter Himmel. Gedanken, Grüße und Geschichten zur Weihnachtszeit, Edition Mathieu, Heidelberg 1999
Weihnacht in Waschenkeich, Liudger Berresheim
© Liudger Berresheim, Altrich
Ein Märchen, von einem Geist, der nicht mehr alleine sein wollte, Andreas Wronka
© Andreas Wronka, Altlußheim
Maria, Bertolt Brecht
aus: Werke. Große kommentierte Berliner und Frankfurter Ausgabe, Band 12
© Suhrkamp Verlag Frankfurt 1988
Protokollnotiz, Kurt Wolff
© Fliedner Kulturstiftung Kaiserswerth, Düsseldorf
Ein Märchen, Margret Rettich
© Margret Rettich, Vordorf
Janine feiert Weihnachten, Werner Wollenberger
aus: Mielitz, Sei uns willkommen schöner Stern
© Verlag Ernst Kaufmann, Lahr
Als ob die Hirten einen anderen Herrn hätten, Josef Reding
aus: Josef Reding, Kein Platz in kostbaren Krippen. Weihnachtsgeschichten für unsere Zeit
© Verlag Butzon & Bercker, Kevelaer, S. 150ff

Trotz intensiven Nachforschens war es nicht in allen Fällen möglich, die genaue Quelle von Texten ausfindig zu machen. Für ergänzende Hinweise sind wir dankbar.